中央高校基本科研业务费专项资金资助项目
Fundamental Research Funds for the Central Universities

国家经济能力的微观基础

——一个关于国有企业的理论

王麒植 著

本书基于中国改革历史对新古典经济理论进行反思，借助国家经济能力的概念和模型分析方法，解释了中国国有企业如何承担改革成本和发挥战略协调作用，从而在微观层面保证了中国改革过程的顺利推进。

中国财经出版传媒集团
经济科学出版社
Economic Science Press

图书在版编目（CIP）数据

国家经济能力的微观基础：一个关于国有企业的理论/王麒植著．—北京：经济科学出版社，2020．10
ISBN 978－7－5218－1926－7

Ⅰ．①国…　Ⅱ．①王…　Ⅲ．①国有企业－经济体制改革－研究－中国　Ⅳ．①F279．241

中国版本图书馆 CIP 数据核字（2020）第 186318 号

责任编辑：陈赫男
责任校对：刘　昕
责任印制：李　鹏　范　艳

国家经济能力的微观基础
——一个关于国有企业的理论
王麒植　著
经济科学出版社出版、发行　新华书店经销
社址：北京市海淀区阜成路甲 28 号　邮编：100142
总编部电话：010－88191217　发行部电话：010－88191522
网址：www．esp．com．cn
电子邮箱：esp@ esp．com．cn
天猫网店：经济科学出版社旗舰店
网址：http：//jjkxcbs．tmall．com
北京季蜂印刷有限公司印装
710×1000　16 开　10．25 印张　170000 字
2021 年 3 月第 1 版　2021 年 3 月第 1 次印刷
ISBN 978－7－5218－1926－7　定价：41．00 元
（图书出现印装问题，本社负责调换。电话：010－88191510）

前　言

本书以“国家经济能力”概念为核心，对中国改革经验进行归纳和提炼，构建了一个关于国有企业经济作用的理论。本书将国家经济能力概括为国家和政府推行经济改革和维持经济效率的能力，主要表现为社会成本承担能力和战略协调能力两个方面。借助国家经济能力的概念，本书试图从一个新视角阐释国有企业的作用和地位。首先，本书说明了国企作为政府的经济代理人并不是利润最大化的一般企业，而是承载政府经济治理职能的特殊企业，构成了国家经济能力的微观基础。其次，本书利用三个数理模型，在一般均衡框架内引入了改革不确定性与社会成本、分工效率与生产多均衡、投资互补性与收益不确定性这些因素，说明了政府可以通过国企更好地承担改革过程中的社会成本、克服市场失灵。

具体而言，本书提出市场机制的有效运行需要以强大的国家经济能力为基础，因为我国市场制度的建立过程是由政府主导的试错过程，并且改革成本最终需要政府承担。此外，对于后发国家而言，由于市场机制不完善，容易出现产业结构落后、新技术投资不足等协调失败的情形，需要政府以推行经济战略的方式克服。对应于上述政府职能，国家经济能力进而体现为社会成本承担能力和战略协调能力两个方面，强大的国家经济能力保证了政府有能力承担改革的试错成本、克服市场失灵。国有企业是国家经济能力的重要载体和微观基础。政府对国有企业的有效控制提升了社会成本承担能力和战略协调能力，是改革顺利推进、经济持续增长的基础。因此，国有企业在经济改革和发展中起到了“中流砥柱”的作用，而非“拖累”了经济增长。

本书的贡献体现在以下三个方面。

第一，本书提出了“国家经济能力”的概念，强调了政府在应对和承担改革中出现的不确定性、社会成本以及克服市场协调失败时起到的重要作用，并基于此概念构建了一个统一的理论框架以讨论政府、国企和经济增长三者之间的关系。借助“国家经济能力”概念我们可以更加深入、全面地分析改革中所面临的挑战和约束，以及政府和国企承担的相应职能。

第二，本书通过数学模型论证了国企的经济作用并不仅体现在其生产或盈利能力方面，而更体现在其对经济治理职能的承担方面。政府通过国企贯彻经济战略和控制关键行业是改革可以不断推进的重要保证，也是经济实现长期稳定增长的前提基础。这一发现对理解中国改革的经验以及寻找未来改革的方向均具有重要意义。

第三，本书努力将所有讨论都放在标准的均衡分析框架和博弈框架中，从而使不同观点的讨论可以在同一平台上进行。对于国企问题的讨论长期无法形成共识的一个重要原因在于不同学者采用不同的分析起点和分析框架，因此其结论之间的可比性大打折扣，容易形成自说自话的局面。本书尝试在标准框架内讲“中国故事”，希望能够促进不同观点之间的相互理解，激发有效讨论。

目　录

第一章

导　论

经济学者十分了解成功的经济体为什么成功，然而却几乎不怎么知道如何使一个不发达经济体获得经济上的成功。

——道格拉斯·诺斯（North，1999）

第一节　问题的提出

毋庸置疑，中国是近半个世纪以来最成功的发展案例之一。根据国家统计局的数据，中国 2016 年的国内生产总值（GDP）总量是 1978 年的 202 倍，换算成美元的话，也达到了 50 倍。在个人层面，2016 年的人均 GDP 是 1978 年的 140 倍①，按美元计也达到了 35 倍。对于一个生活在中国的普通人，甚至不需要看具体的统计数据，单是通过直观感受就可以清楚地发现变化有多大、社会前进的步伐有多快。

对中国而言，经济增长的动力在于经济体制改革。中国改革取得的成绩有目共睹，但是对于其成功的原因却众说纷纭，因此许多学者称中国的改革为“中国奇迹”。之所以这么讲，一方面是因为中国通过改革取得的经济成绩巨大，另一方面也是因为中国改革极具特色，是一项令经济学者意外的成就。按照标准经济理念（例如“华盛顿共识”），为了提升经济效率，政府对经济运行的干预越少越好。政府的职责被限制为保护私有产权和保证契约执行，除此之外，政府就只需“站在一边静静地享受自发出现的增长”即可（Roll and Tallbott，2001）。

这种观点严重低估了一个经济体实现转型并维持发展所需要克服的困难。我们可以将经济的转型过程视为“离开旧体制，建立新体制”的过

① 资料来源：国家统计局，作者整理计算。

程，而在破旧立新的过程中，一个国家至少需要面对两方面挑战。第一，如何保证大部分人（或者关键的群体）同意变革旧体制？尤其是不同群体在改革中利益并不完全一致且改革本身具有不确定性时，政府是否有能力化解社会阻力和弥补利益受损群体便成了改革能否顺利启动的关键。第二，如何保证新建立的经济制度比旧制度更有效？对于我国而言，这意味着如何保证社会主义市场经济制度的有效运行。市场机制的有效运转是有条件的。当外部性、信息不完全等因素存在时，资源的市场配置常常是（帕累托）无效的。在新兴经济体中，导致市场失灵的因素更加普遍。此时，政府是否有能力克服发展瓶颈、维持经济效率，也成了改革能否继续的重要决定因素。

对以上两个问题的回答要求我们重新审视当前经济理论对经济转型和发展过程的刻画。边际革命之后，新古典经济学的一般均衡理论习惯于以简洁抽象的数学方式刻画经济过程，再加上辉格史观对经济学研究的影响，研究者往往不能对重要的政治经济学问题给予足够的重视。或者更直接地说，在新古典模型中运行完美的经济模式可能会在现实中遇到强烈的反对和阻力，甚至导致社会崩溃。但是另外，新古典经济学作为经济学界的“共同语言”，当代经济学研究又不可能完全将其抛弃而另辟蹊径。

因此，本书的写作思路是，从新古典的框架出发，尝试引入社会成本、改革不确定性以及协调问题等现实因素以拉近理论与真实世界之间的距离，并希望在“撕扯”新古典理论边界的过程中，可以找到政府、国企这些“反常因素”的空间，进而理解其存在的道理和作用。

以上述两个问题为线索，本书强调改革的顺利推行需要以强大的国家经济能力为基础。所谓国家经济能力，粗略地讲便是一个政府“破旧立新”地改革其经济制度的能力，具体包括社会成本承担能力和战略协调能力。社会成本承担能力强的国家和政府可以消化经济转型过程造成的社会成本，以保证经济体制改革不因固有利益的反对而停止；战略协调能力强的国家和政府可以在市场制度还不完善的时候引导经济资源的配置，培育市场，从而为市场制度的有效运行创造外部条件。

显然，国家经济能力的获得要求政府必须具有一定程度的资源配置能力，而本书希望说明的是，国有企业便是国家经济能力的微观载体。为了论证这一点，我们将依次讨论三个问题。第一，国有企业能够成为国家经济能力的前提是，政府能够一定程度上影响国有企业的经营目标。那么，这种政治经济联系如何反映在国有企业的治理结构上？第二，经济改革和社会成本之间存在一个固有矛盾：经济表现较差的国家最需要改革但是同时又最无力承担改革造成的社会成本。那么，我国在改革过程中如何通过国企的产业定位来平衡推进改革和承担社会成本之间的矛盾？第三，政府和市场关系是一个不能回避的问题。那么在市场经济体制下，政府如何以及何时可以通过国有企业引导资源配置，促进经济的进一步发展？

对上述问题的回答，必须从反思新古典理论开始。

第二节　反思主流理论

标准的经济学理论认为，市场主导型的经济模式最有利于经济的持续发展，而市场机制的有效运行要求企业具有明晰的产权并且在市场上以盈利为目标进行竞争。因此，部分学者认为国有企业的产权不明晰，而且由于全民—政府—企业经理人的三层委托代理关系造成了巨大的生产扭曲，使其微观生产效率和盈利能力不足，很难在市场竞争中生存下来。此外，由于国企与政府之间存在天然的联系，许多本不应由企业承担的政策负担和社会负担都施加在国有企业身上，造成国企经营困难的状况更加显著，国家为了维持企业的生存又不得不通过各种形式补贴和保护国企，进而造成了预算软约束问题。总的来说，在标准的新古典框架下，国有企业被视为一般的市场竞争主体，其经营目标是（也应该是）自身利润最大化。

诺斯（North，1994）在诺贝尔经济学奖获奖演说中指出，新古典理论包含着两个错误的假设：一是制度并不重要；二是时间并不重要。在新古典框架中，市场机制正常运行所需的产权、法律、社保等各方面的特定制度已经隐含地预先假设为完美存在，因此简单套用此框架的研究实质上回避了经济制度改革的核心问题——制度转型过程。同时，新古典框架也是无历史的（ahistorical）理论，即其讨论的问题并不对应于特定的历史环境，似乎是一种超越历史的“客观规律”。然而，对于一个国家而言，其发展如果存在最优路径，那么经济制度改革的目标并不一定是追求理论上最理想、无摩擦、完美的，而是在本国制度现状的基础上，尝试建立带来净收益（正常运行的收益减去制度转型和维护成本）最大的制度。理想的制度虽然潜在收益很大，但是对于一个不发达国家而言，建立和维护这种制度的成本也过于巨大，使得在当前状态下采取“理想的”经济制度并不明智。换句话说，就发展问题而言，一国经济发展起点的真实历史情况对于经济分析十分重要。这一点，在新古典理论中也无法得到体现。

因此为了引入制度和时间因素，结合中国改革实践，我们从三个角度对上述标准理论提出质疑：

第一，制度的多样性和改革试错的必要性。正如诺斯指出的，哪些制度安排有效和如何实现经济增长是两个不同的问题。那些主张把理论上有效的制度照搬到不发达国家以实现经济增长的学者可能既低估了制度安排的多样性可能，又忽视了制度是否能达到预期效果实际上依赖于纷繁复杂的实际情况（罗德里克，2009）。中国的改革是一个“摸着石头过河”的试错过程，而且许多有效的改革措施也具有“非常规”的特点。例如，国企改革初期的承包经营责任制以及同时期的价格双轨制都是在理论上具有明显缺陷的制度，但是也正是因为这些过渡性制度的存在，才使得经济在摆正激励的同时得以平稳转型。由于新古典框架是一个“制度真空”的分析框架，因此无法在其中讨论与市场经济转型紧密相关的制度建设问题（Bardhan，2016；Johnson and Koyama，2016）。中国与东欧和拉美各国相比，成功之处便在于制度转型过程中注重利用本土知识解决现实客观约束，而这一点在新古典框架内无法得到体现。

第二，改革成本不可忽视。在新古典框架中，任何转型都是瞬间、无摩擦地完成的，因此忽视了改革成本的问题。中国改革的本质是从计划经济体制向市场经济体制的过渡，而两种体制之间的区别不仅在于资源配置方式，二者更是在权力结构、法律制度、用工体制、社保和养老体制、医疗体制、教育体制等社会体系层面存在全方位的不同。每一项制度的变革都需要大量的人力、物力、财力和时间的投入以及相关机构之间的协调工作，能否承担改革的成本是影响改革路径的重要因素。例如，在计划体制下企业“办社会”是一个内生性的制度安排，但是在市场竞争中，国企“办社会”职能给其带来了沉重的包袱，使其无法平等地与民营和乡镇企业竞争。从经济效率的角度看，剥离国企社会职能的改革几乎是必然提高企业效率的，应该毫无争议地立刻实施。但是国企真正开始大规模剥离社会职能已是20世纪90年代末期的事了，其改革滞后的最重要原因便是改革成本过大，政府无力承担。因此，如果忽视改革成本承担的问题，就无法真正理解改革所面临的真实约束，更不用说对改革措施进行准确的效果评价了。

第三，国企的特殊职能。正是由于上述两个重要问题的存在使得政府要在改革过程中承担远远超出“守夜人”和“补锅匠”的职能，这也意味着我们需要重新审视国企和政府之间联系的经济含义。许多以新古典经济学为基础的研究正确地指出了国企与政府之间存在的联系，但是由于对改革的试错过程和改革成本的忽视，在其分析框架内政府没有任何作为空间，那么国企对政府职能的分担也只会是“越帮越忙”。但是如果考虑改革的试错过程和改革成本的约束，便可以发现政府在承担改革成本、保证改革顺利进行方面起到了重要作用，而政府与国企之间的联系决定了国企也可以有效分担政府职能、促进改革和发展。

总而言之，以新古典为基础的标准经济学分析对中国改革现实的刻画是不准确的，这不仅表现在对改革试错和成本的忽视，也表现在对国有企业功能和定位的误判。因此，我们需要一个与现实相符且逻辑一致的新理论来对中国改革经验进行总结，进而才能正确理解政府、国企和经济增长之间的关系。

第三节 本书内容与结构安排

一、主要观点

由于新古典框架缺乏对变迁过程的讨论空间，因此无论是制度的建立过程，还是经济状态的转换和收敛过程都在均衡分析下被忽略。本书尝试拓展均衡分析框架，将关注点转向经济变迁的过程，研究经济从一个状态向另一个状态转变时所需要克服的困难，以及作为变迁推动者的政府所需要具备的手段和能力。出于这个目的，本书提出了“国家经济能力”的概念，以刻画政府改革旧（低效）经济制度并维持新（高效）经济制度的能力，包括“破旧”“立新”两个方面。此概念关注政府在经济改革和发展方面的目标，同时强调政府也是一个独立的经济参与个体，具有自己的行动方式以及面临一定的客观约束（而非全知全能的）。国家经济能力的“国家”二字便是希望突出政府行动的主体性；“经济”二字便是希望指出改革期间中国政府的主要行为目标是经济的发展；“能力”二字便是承认政府在发展过程中面临外在的约束，其目标不能无条件地直接实现——实现的程度取决于政府能否获得正确的工具并采取合适的行为。国有企业作为政府干预经济的工具，是提升国家经济能力、推进改革的进行和促进经济的增长的重要保证。

对中国改革过程的理解是研究国家经济能力与经济增长之间关系的关键。中国改革过程的本质是政府通过试错方式向市场放权的过程，此过程的目标是寻找政府和市场的有效分工安排。从这个角度看，经济的增长是政府和市场分工效率提升过程的结果。在改革过程中政府的职能反映在两个方面：第一，政府需要推动改革的进行，而相应的改革和试错过程并不是无成本的，政府是否有能力承担在此过程中产生的社会成本是改革能否继续的关键。这就要求政府具有相应的社会成本承担能力。第二，政府需要克服由于市场不完善或信息不完全导致的市场协调失灵，以实现有效的宏观调控。在中国，政府宏观调控的一个重要方式便是推行战略规划，因此要求政府具有相应的战略协调能力。此外，政府以上两种职能在实践中是由相应代理人（即国企）完成的，因此政府对代理人的控制能力是其任何职能得以发挥的基础，直接决定了其目标和意志能否真正得到贯彻。

国有企业之所以能够成为国家经济能力的微观基础，首先是因为政府可以对国企实施有效的控制。一方面，国有企业的领导人均是党的干部，其人事任免和考核权均由财政部、国资委和地方国资委直接把控；另一方面，国企内部的治理结构也保证了党委对重大决策的影响能力，使国有企业的目标与政府目标相一致。其次，国有企业在改革期间也直接或间接地承担了多种社会成本。这主要体现在两个方面：一方面，国有企业在上缴利税方面贡献巨大，使得政府有更大的财政能力解决社会问题；另一方面，国有企业通过直接吸纳冗余劳动力、提供社会服务等方式直接解决相应的社会问题。最后，国企通过贯彻国家的经济方针、路线，成为国家调整产业结构和鼓励新技术投资的直接手段。市场对资源的配置并非总是有效率的，尤其对转型国家和发展中国家，市场容易出现协调失败的情况。此时，政府对经济的干预从长期来看对于经济增长是有益的，而国有企业可以作为政府干预经济的最直接手段。

因此，国有企业与政府之间的联系并不是国企低效和经济低效的原因，而是实现和提升国家经济能力的重要保障，而后者又是中国改革以来经济增长的根本原因。

二、结构安排

本书的结构安排如下：

第二章是文献综述。在这一章中，我们以国企和政府的经济作用为核心，对相关文献进行了整理和综述。首先从理论基础和实证证据两个方面介绍了流行的国企低效论相关观点。其次，从国企的定位和国企的改革目标两个角度出发介绍了国企有效论的相关观点。再次，从改革方式、制度基础和政治动机三个方面介绍了政府在改革过程中的作用。最后，对相关文献进行评述，指出后两方面观点虽然拓展了政府和国企在经济改革和增长过程中的职能，但是仍未形成一个完善的理论对政府、国企和经济增长三者之间的关系作出统一的解释，而这也是本书的写作目标。

第三章提出了本书的核心框架。在这一章中，我们首先在“国家能力”概念的基础上进一步将关注范围限制为国家在经济改革和增长方面的能力，提出了“国家经济能力”的概念。其次，我们在抽象理论层面讨论了国家经济能力与经济增长之间的关系，并指出一般均衡理论不足以对改革和转型问题作出全面的分析。最后，我们初步解释了国企与国家能力之间的联系，并指出国企不应被视为以利润为导向的企业，而应被理解为贯彻政府意图的、以提升政府社会成本承担能力和战略协调能力为目标的特殊企业。对这一观点的进一步解释分别在第四章到第七章进行。

第四章从国有企业治理结构的角度解释政府如何对国企实现有效控制。在这一章中，首先对国企从建立到改革的过程作出了简要回顾，并基于此指出国企与政府之间一直都具有天然的联系，且改革的目标也绝不是“消灭”国企。其次，进一步从理论的角度解释了国企的定位以及政府对其控制的必要性。最后，仔细讨论了政府对国企的控制在人事和企业治理结构层面的体现，并解释了这种制度安排实际并不“先天”低效。

第五章从社会成本承担能力角度，通过一个具有产业上下游结构的模型解释了为什么中国改革的试错性和政府对相应社会成本承担的责任决定了政府必须对上游国企进行控制。具体说来，我们以计划经济为出发点，即政府控制所有上下游企业，将改革的过程刻画为一个放权和改制的试错过程，其目标在于寻找提升企业生产绩效的方式，实现经济的发展。我们假设每次改革试错，无论成功或失败都需要政府承担一定的社会成本，而且政府的承担能力由国企的利润水平决定。我们发现：第一，国企对上游企业的控制可以使政府具有更大的社会成本承担能力，从而使可行改革方案的范围变大，改革更易于启动。第二，当改革的风险足够大时，国企对上游企业的控制可以使（在实现既定改革目标的过程中）社会福利最大化。这意味着政府通过国企控制上游产业的方式获得了更大的社会成本承担能力，使改革目标更易达到。

第六章从战略协调能力的角度，通过一个包括最终产品和中间产品的竞争均衡模型解释了为什么会出现市场协调失败，并且政府如何通过控制国企生产行为帮助整个经济脱离低水平均衡，向高水平均衡收敛。具体说来，我们假设经济中存在两种不同的最终产品生产技术——现代技术和传统技术。使用现代技术生产需要一组不完美替代的中间产品，而使用传统技术生产则不需要中间产品。如果分工可以带来更高的效率（即中间产品种类越多，使用现代技术生产的成本越低），那么经济便会存在一个高水平均衡和一个低水平均衡，并且处于低水平均衡的发展中国家无法通过市场本身的力量向高水平均衡收敛。此时，如果政府可以控制现代企业的产量，那么便可以打破低水平均衡的限制，使经济进入正向反馈循环，并逐渐收敛至高水平均衡。

第七章同样从战略协调能力的角度，考虑了当新技术使用具有风险且对新技术投资具有互补性时可能出现的投资不足问题。在这一章中，我们通过一个不完全信息条件下的协调博弈刻画了新技术投资问题，假设新技术的研发使用需要多个企业同时进行互补性投资，并且投资收益有可能小于投资成本。通过此模型分析发现，投资的互补性大大放大了投资风险，导致了投资不足的问题。此时，由于政府行动具有公开性，其通过国企直接投资的方式可以有效提升投资效率，克服投资不足的困境。

第八章概括了全书的基本结论，讨论了本研究的主要经济含义，并指出了本研究的不足之处以及未来的研究方向。

第二章

文献综述：国有企业和政府的经济作用

第一节 引　言

国企改革一直是中国改革的核心，对国企作用和效率的理解是总结改革经验和判断未来改革方向的基础。然而，学术界对此问题的认识却远未形成共识。对现有文献的研究总结可以看出，争论的核心在于如何理解政府在经济发展过程中的作用。对这个问题的不同认识导致学者们对国企作用形成不同判断，因而在评价标准的选择上出现了巨大差异。

部分学者从标准经济理论出发，认为市场主导型的经济模式最有利于经济的持续发展，因此政府不应过多地干预经济，并且应该将国企改造为一般市场竞争主体。基于以上理论认识，这部分学者认为国企的效率主要反映为经营效率和市场竞争效率，因而常常得出国企低效的判断。本书将这类观点称为“国企低效论”。另有一些学者从中国改革现实出发，强调对国企效率的认识不应局限于国企的盈利能力，更应关注国企承担的类似赶超中心、公共品提供、宏观稳定器等特殊职能，因为后者才是国企的主要职能所在。这样的观点也暗示着经济的发展需要政府进行有效干预，而国企是政府干预的重要载体。本书将这类观点称为“国企有效论”。但是从理论角度回答“在经济改革和发展过程中政府或国企为什么要承担特殊职能”“具体承担什么样的特殊职能”这些在实践中不言自明的问题却是一个极其困难的事情。一直到近期才有一些学者从制度建设视角给出了一个理论解释。他们认为，经济的改革和发展需要以适合当地实际情况的制度体系为前提，而相关制度的建设不是自发出现的，需要以政府主导的方式完成。本书称这类观点为“制度论”。

图 2 -1 展示了国企低效论、国企有效论和制度论之间的逻辑关系。国企低效论实际上由两个部分组成，分别从宏观经济发展模式和微观企业定位两个层面论述了市场主导模式的优势以及为什么国企也应该遵从“市场原则”被改造为一般竞争主体。国企低效论将经济的宏观逻辑与企业运行的微观逻辑纳入统一的理论框架中，并形成了严谨的逻辑闭环，因此单独对此观点任何一个部分进行质疑都无法对整体理论体系构成有效的挑战。

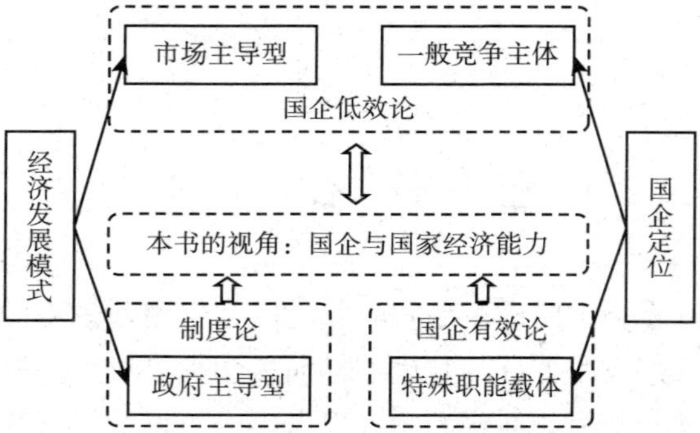

图 2 -1　文献脉络与本书目标

从理论上讲，国企有效论和制度论之间也存在逻辑上的相互支持，但是遗憾的是两类研究仍处于相对割裂的状态。本书的写作目的是从国家经济能力视角为这两类观点提供一个统一的理论框架，从而弥合理论断层，进一步厘清中国经济改革的核心逻辑。

本章的具体安排如下：第二节介绍了国企低效论的理论基础和实证证据；第三节从国企的功能定位和改革目标两个维度介绍了国企有效论的相关观点；第四节从改革方式、制度基础和政治动机三个维度介绍了制度论的相关观点，讨论了政府在中国改革过程中的作用；第五节对全章进行简要总结并解释了本书的写作目标。

第二节　国企低效论

计划经济时期的经济低效与改革开放后市场经济下的经济活力形成了鲜明对比。基于这一观察，许多学者提出利用市场机制配置资源比通过计划手段配置资源经济效率更高，而且国有企业作为计划经济下的产物也表现出较差的经济绩效。我们不妨称这种观点为国企低效论，其核心可以被简要总结为两个命题：第一，市场经济资源配置效率高于计划经济；第二，由于继承了计划经济弊端，国企在市场中的经营效率低于私企。这两个命题构成一个完整的逻辑链条，为市场经济和私营经济的效率提供了理论支持。

一、计划经济资源配置低效的理论基础

考虑市场经济与计划经济的对比。推崇市场机制的观点可以追溯到亚当·斯密（Adam Smith）。他说道：

> 因此，当每个人尽力去使用自己的资本去支持本国的产业、去引导产业生产实现最大价值时，他实际上也为社会收入的最大化贡献了自己的力量……努力实现产业生产最大价值的行为仅仅是出于他自己利益的考虑，通过看不见的手的引导实现了一个并非他本意的目标。[①]

在斯密这里，通过价格这个看不见的手的引导，经济参与人的个人利益与社会利益恰好被统一起来，使得追求私利的行为同时促使了公共利益的实现。著名的经济学家阿罗和哈恩（Arrow and Hahn）评论道，斯密“看不见的手”是“对最基本的经济平衡关系诗意的表达，即在要素逐利流动的作用下回报率相等”，而斯密表达的“由独立的且追求不同价值的行为所推动的社会系统与最终一致平衡状态相统一的理念，无疑是经济思想对理解社会过程所贡献的最重要智慧”（Arrow and Hahn，1971）。

斯密开始，经济学家便被市场“看不见的手”的力量所吸引。根据斯密的论述，市场价格机制可以将自利的人组织在一起实现社会生产的有效性。所有市场参与者仅仅关注自己的利益，但是在追逐私利的同时也有意无意地满足了其他人的需要，实现社会生产效率。这一观点在瓦尔拉斯（Walras，1997）、阿罗和德布鲁（Arrow and Debreu，1954）的努力下以数学模型方式正式地表达出来，被称为一般均衡理论。在此框架下，存在一组价格使其对于每个商品而言，每个消费者最大化自身效用（偏好）所选择的消费量恰好等于每个生产者最大化自己的利润所选择的生产量，此价格被称为均衡价格。更重要的是，根据福利经济学第一定理，如果一般

① 亚当·斯密：《国富论》，商务印书馆2011年版。

均衡存在且不存在外部性，那么此均衡结果是弱帕累托有效的（Arrow，1951；Debreu，1951）。这意味着，即使存在一个全知全能的计划者，那么他所设计的资源配置结果也不会帕累托占优于市场机制下的一般均衡结果，因此利用市场对资源进行配置不是一个坏主意。

福利经济学第一定理为市场经济的有效性提供了坚实的支持，以至于政府对经济的干预被限制在市场失灵的情况。市场失灵情况被认为十分罕见且特殊①，因此从资源配置效率角度，几乎可以认为市场有能力也应该指导一切资源配置。基于一般均衡理论和福利经济学第一定理的政策建议自然是建立足够多的市场以及维持完全竞争（Ledyard，2008）。

对政府干预的极端情况——计划经济的一个有力批评来自哈耶克（Hayek，1937，1945）。哈耶克认为市场机制最根本而又容易被忽略的优势在于其对分散信息的有效利用能力上。在实际生活中，与经济活动有关的信息零散地由不同地点的不同人掌握，几乎从来没有完整地集中在任何一个地方的一个人脑中。因此，“社会中的经济问题并不仅仅是如何配置‘给定’资源的问题……更是在资源利用手段以及目标的相对重要性都仅仅是个人的私人信息条件下，如何保证个人最优利用资源的问题。或者更简洁地说，如何利用不被任何人集中掌握的知识的问题”。② 计划经济从客观上无法对零散知识有效利用，而市场却可以通过简单的价格信号促使零散信息有效交流和利用：消费者无论出于什么原因增加了消费量，便会立刻反映为价格的上涨，而生产者无须知道消费者为什么增加消费，只需知道价格上涨，便会自动扩大生产满足消费者。从本质上，这是因为价格信号充分反映了私人信息。因此，在市场机制下，通过价格信号的协调，信息得以有效沟通，知识被有效利用，进而生产和消费实现有效匹配。

二、国企经营低效的原因和实证证据

实际上，政府干预（甚至中央计划经济）的支持者早已清楚地认识到

---

① Hoff，K.，Beyond Rosenstein - Rodan：The modern theory of underdevelopment traps. In Annual Bank Conference on Development Economics，World Bank，Washington D C，April.，2000. 实际上，市场失灵的范围远远大于“蜜蜂和苹果”或者灯塔这类直观例子，尤其是在发展中国家，市场失灵的例子比比皆是。可参见 Ledyard，J. O.，Market Failure. The New Palgrave Dictionary of Economics，Second Edition，Edited by Steven N. Durlauf and Lawrence E. Blume. Palgrave Macmillan U K，2008.

② Hayek，F. A.，The use of knowledge in society. The American economic review，Vol. 35，No. 4，1945，pp. 519 – 530.

市场机制的功能，但是他们认为市场机制可以与政府计划结合起来。19世纪三四十年代，兰格（Lange，1936，1937）和勒纳（Lerner，1944）提出了“市场社会主义”（market socialism）的概念，认为中央计划可以与市场机制相融合，让市场作为中央计划方式的补充，但公有制仍然占主导地位。例如，兰格和勒纳认为如果让中央计划办公室来设定价格，那么它完全可以模仿市场的功能：只要看到过度需求就提高价格，过度供给就降低价格。换句话说，中央计划办公室模仿了市场的均衡调整过程（tâtonnement），所以此时政府主导的资源配置也是有效的。根据市场社会主义的理论，在借助市场机制之后，中央计划也并不需要许多信息，因此绕过了哈耶克的批评①。

因此，对市场机制有效性的论证逐渐转向微观，即私有企业的经营效率问题。科尔奈（Kornai，1992）和马科夫斯基和奥斯特洛伊（Makowski and Ostroy，1993）认为价格机制除了对供求信息的刻画以外，最重要的功能在于为参与人提供了利用私人信息的激励，而这一点是行政命令很难做到的。在国企背景下，这意味着虽然理论上存在政府对经济有效干预的可能，但是由于行政系统无法为具体的执行者（即国有企业领导人）提供足够的激励，因此理论上的效率无法真正实现。对激励问题的批评切中市场社会主义的要害。在市场机制下，追求利润最大化的企业在价格的引导下有激励关注自身的运营效率，但是在政府主导的经济体制下，企业很大程度上是为满足行政任务，因此企业领导更关注任务的达成而非效率，就造成了预算软约束和投资饥渴症等问题（科尔奈，1992）。

基于上述判断，张维迎（1995）认为国企低效的原因在于产权不合理，需要通过产权改革理顺激励。林毅夫等（1997）认为国企没有效率的原因在于国有企业承受了政策性负担，导致价格信号扭曲无法对企业绩效进行合理激励，因此应该剥离国企负担，促进有效竞争为国企治理提供充分信息。刘瑞明等认为国有企业的低效不仅来自对资源的低效利用，也来自通过金融抑制、市场分割和要素市场垄断等方式造成的资源配置扭曲（刘瑞明和石磊，2010；刘瑞明，2011a，2011b）。李等（Li et al.，2015）认为国有企业在上游要素市场的垄断是国企2000年后绩效改善的原因，但是这种盈利模式并不可持续。

---

① 由于哈耶克采用文字表述的方式进行论证，导致不同学者对其思想进行了不同的解读。例如马科夫斯基和奥斯特洛伊（1992）认为哈耶克没有直接提出价格信号相关的激励问题，但是科尔奈（2007）却认为哈耶克已经指出了这个问题的重要性。

许多经验研究进一步验证了国企低效的假说。刘小玄（2000，2003）、姚洋（1998）以及姚洋、章奇（2001）通过1995年全国工业普查数据论证了国有企业的技术效率低于非国有企业。沈坤荣、菲利普斯（2007）发现，地区经济增长与国有部门产出份额负相关，并且国企职工占比每下降10%，GDP实际增长率上升1.6%～2.3%。雷海民等（2012）发现党组织对国企的决策影响越小（表现在交叉任职程度上），国企的运营效率越高。吴延兵（2012）通过对1998～2003年的数据分析发现，国有企业在生产和创新效率层面均低于民营企业。刘瑞明和石磊（2010）以及刘瑞明（2011a，2011b）发现国有企业的存在会导致双重效率损失：一方面国有企业的生产低效造成了效率损失，另一方面由于资源错配导致了国企具有“拖累”效应。靳涛和陈嘉佳（2014）利用1994～2010年各省（区、市）面板数据，发现了类似的效应。马连福等（2013）发现在国企中随着党组织参加治理程度的增加，形成的冗余雇员数量也增大。

平新乔等（2003）发现国有企业中代理成本相当于60%～70%的利润潜力，这也导致国企仅实现了30%～40%的效率，此外，通过租赁、出售或租售国企的方式，大约可以增加20%的利润潜力的利用率。李寿喜（2007）对电子电器行业的研究发现，国企的代理成本最高，但是随着竞争程度提高有下降的趋势。白重恩等（2006）发现，改制后国企的经济效益提升主要来自代理成本的下降。

概而言之，在国企低效论的逻辑体系内，经济绩效的提升有赖于市场机制的进一步完善以及国有企业向一般市场参与者转型。这不但包括放开市场竞争，打破行业垄断（刘瑞明，2011；Li et al.，2015），还包括减轻国企的额外负担，维持公平的竞争环境（林毅夫等，1997），甚至更激进地让国家的股权变为债券（张维迎，1995）。无论具体措施如何，其核心方向是清楚的，即将国企通过减少额外权责的方式逐渐转变为市场机制下的一般竞争者，并且通过维护市场有效竞争来保证经济的整体效率。

第三节　国企有效论

通过上一节的讨论可以看出，国有企业低效论的逻辑演进是从理论出发，推论实践应该符合的原则和采取的制度。与此思路相反，部分学者从中国经济现实和国企实际承担的职能出发，对国企效率进行评价。两种思路的最大区别在于前者研究的出发点是中国经济（在理论上）的一般性，而后者研究的出发点是中国经济（在实践上）的特殊性。反映在国企效率讨论中，前者便自然认为国企也应该是一般的企业，而后者倾向于强调国企在特殊时期的特殊作用。换句话说，二者提出了对国企效率不同的评价标准。

为了与国企低效论相区别，我们称后一种观点为国企有效论。需要注意的是，国企有效论并不是说国企是高效的，而是强调国企的部分功能虽然在一般理论（尤其是新古典理论）中并不应该由其承担，但是却是实际经济发展所需要的。国企有效论同时也强调，国企有时也无法很好地承担此类功能和职责，因此进一步改革的方向是提升国企对相应功能职责的承担效率和能力。本节将从国企定位和改革目标两个方面对国企有效论进行介绍。

一、国企的定位

对国企定位的讨论是研究国企效率的核心。在上一节介绍的国企低效论观点中，学者更强调国企的“企业”性质，因此对国企的效率研究中更关注其技术效率、财务指标等微观表现。不过许多学者并不同意这一判断，他们更强调国企的“国有”性质，国企的国有性质使其成了与一般企业不同的特殊企业，因此不能简单地将其等价为一般市场竞争主体。

从法律角度来看，公有制经济具有重要地位。我国宪法第六条规定，生产资料的社会主义公有制是我国社会主义经济制度的基础。党章也明确指明，“必须坚持和完善公有制为主体、多种所有制经济共同发展的基本经济制度”，并且在发展经济过程中必须“毫不动摇地巩固和发展公有制经济”。将公有制的主体地位写入宪法和党章意味着公有制经济不仅仅具有经济意义，更具有政治意义。卫兴华（2011）指出，以国有经济为核心的公有制经济是共产党执政的经济基础和物质手段。因此，对于国有企业定位的讨论不应脱离中国的政治制度这个大前提。在当前政治制度之下，政府自然需要通过国企掌控国民经济命脉，对国民经济活动中的关键性环节和关系国计民生的产业发挥决定性的影响（金碚，1999c）。

金碚（1999a，1999b，1999c，2010）提出国有企业是一种“特殊企业”，是在特殊情况下解决特殊问题的组织形式，因而具有特殊的责任并且也获得了特殊的权利。对国企的评价需要考虑双重绩效，即市场竞争力和所有者利益（国家和人民意志），并且后者更为关键——国企如果不承担社会责任，其存在的意义便很难解释。具体来说，第一，国企是政府直接干预市场、弥补市场缺陷的手段；第二，国企是发展战略性民族产业的保证；第三，国企也是公有制的实现形式之一。

刘元春（2001）认为国企是一种特殊的制度安排，可以在赶超时期承担技术模仿、扩散和赶超的任务，在转型时期维持宏观经济稳定，并且在制度不完美的“次优世界”提供福利和公共物品。纪宝成（2004）提出由于转型期间国家调控能力有限，再加上市场建立不完善，使很多理想市场经济中不属于公共物品的商品和服务体现出了公共品的特性，需要国有企业以国家政策的传导中介和公共品提供者的身份参与市场。张春晓（2007）也指出，国有企业是政府宏观调控的重要工具。李军林等（2011）认为，在中国政府主导、投资驱动的增长模式中，国家经济的方针、政策和目标均需要国企来贯彻实施。黄险峰（2008、2009、2010）进一步认为，如果考虑国有企业产出效应（减少失业和维护社会稳定）对其他部门的正面影响，国有企业同其他经济部门相比，对经济增长的贡献并不存在显著差异。黄群慧等（2009）从责任管理、市场责任、社会责任和环境责任四个方面，对中国 100 强企业的社会责任表现进行考察，发现央企和国企的社会责任指数远远领先于其他所有制企业。

总的来说，国企有效论对国企的定位不仅从经济效率和盈利能力出发，更结合了政治体制和社会需求的现实情况，拓展了国有企业的职责。可以看出，这种观点认为国企履行了一部分理论上政府的职责，这也解释了政府和国企之间联系的必要性和合理性。在这一点上，国企有效论和国企低效论的观点正好相反，认为国企正是由于承担了非经济的责任才具有存在的合理性，不应将其改造成一般的竞争性企业。

二、国企改革的目标

对国企的定位不同直接决定了国企有效论对国企改革目标的判断与国企低效论的判断完全不同。金碚（1997）指出，改革绝不是要消灭公有经济，而是要促进公有和私有之间的融合。季晓南（2017）更是强调，改革是为了实现国企的自我完善，进而使其更好地承担推动经济发展、完善和发展中国特色社会主义制度、实现中华民族伟大复兴的使命和责任，而不能被错误地理解为削弱国有企业，更不是搞全盘私有化①。

从产业布局角度看，国企改革需要增强国企对经济的控制力。国企对经济的控制力并不是从数量上体现，而是从效果上体现，这要求对国企的产业布局进行优化。金碚（1999c）认为国企应成为具有主导和控制力的“精干的少数”。这意味着国企必须实现效率和社会目标的统一，但是应该集中在少数特殊行业。金碚（2001）进一步将产业划分为竞争性产业、战略性资源产业、战略性高技术产业、管制性垄断产业、自然垄断产业、公用事业、非营利行业、敏感产业、高社会风险产业和不以民间经营的特殊行业十个类型。除最后一个行业外，其他行业并非必须由国企完全控制，但是国企也并非必须退出。特别是在战略性竞争领域、国际竞争强的行业，国企应该成为行业骨干企业以增强国际竞争力。

何诚颖（2002）认为，国有经济的战略性调整需要结合国有经济的定位，做到进退有序。具体说来，国有经济需要在以下六个部门保留：公益性部门（如公共交通）、政策性部门（如政策性银行）、涉及社会和国家安全的部门（如武器制造）、自然垄断部门（如铁路、电力）、基础设施部门（如港口）和高科技部门（如信息产业）。

从治理结构来看，一个关键的问题是如何理解“政企分开”？何诚颖（2002）指出“政企分开”不是指建立“无主管部门企业”，也不是要求国家不参与企业管理，而是要通过建立现代企业制度实现政府部门和企业经理人员的职能分开。金碚（1997）认为在现代企业制度下，资本所有权是企业经营决策权的最终来源，而这也意味着现代企业制度建立并不是要将国企改造为无约束的经济主体。相反，当前国企最大的问题恰是所有者（国家和政府）对经营者的约束太弱，导致所有者意志和利益无法有效体现。换句话说，“政企分开”的本质实际上是通过权责归位，更好地贯彻所有者的意图。因此，金碚（2002）认为为了提升管理效率，需要采取分类改革的方式，对不同国企进行分别定位，进一步明确管理者的权责。此外，王元芳（2013）指出要坚持党管干部原则，实施“干部评价”和“经济评价”的双重评价体系，发挥考核的激励和引导作用，促进党委和现代企业制度的融合。

总的来说，国企有效论认为国企通过承担特殊职能支持了整体经济的运行，因此其改革目标的核心体现为如何更有效地使国企履行其特殊职

① 季晓南：《深化国企改革要打持久战和攻坚战》，人民网，2017 年 1 月 9 日，http://opinion.people.com.cn/n1/2017/0109/c1003-29006894.html。

能、更好地主导和掌控经济，而非单纯地提升国企的经济绩效。这不但要求国企优化产业布局，还要求通过治理结构的改革使国家的意志得到反映。显然，这两点与国企无效论的建议完全相反。

第四节　政府在改革中的作用

国企有效论告诉我们，对国企的效率评价必须结合政府经济作用，但是国企有效论并没有进一步回答中国政府在改革和发展过程中的具体作用如何。许多学者从制度经济学和组织经济学角度对中国政府在经济改革过程中的作用进行了丰富的讨论。本节对相关文献进行简要介绍。

许多经济学家根据标准经济理论提出经济增长的关键在于保护私有产权和公平竞争。我们不妨称这种观点为市场论。然而，经济学家对市场论的进一步反思指出，对于发展中国家而言，并非只要建立私有制和竞争机制就可以实现长期稳定增长。这是因为在充满“次优问题”的经济环境中，企业的微观效率与宏观社会效率并不统一，致使市场机制无法发挥预期的作用（刘元春，2001）。通过建立“最优”制度来解决“次优问题”所需承担的成本和不确定性往往是巨大的，甚至最好的解决方式有时是引入另一个“次优”的制度（罗德里克，2009）。例如，改革开放前的农业生产缺乏效率的原因在于土地的集体所有制以及统购统销制度，但是直接的“最优”解决方案，即土地私有化和废除统购统销制度，必然会冲击国家财政以及拉高城市工资，甚至导致社会不稳定。将这些改革的成本全部算进来以后可以发现，价格双轨制和家庭联产责任承包制这组“次优”的改革方式既为农产品生产提供了足够的激励，又避免了潜在的社会动荡，其政策效果甚至好于所谓“最优”的解决方案①。

因此，对转型国家而言，重要的不是“做对价格”，因为大量的次优问题存在导致几乎无法实现正确的价格，而更应考虑如何借助相关支持性制度的配合“做对激励”（王永钦等，2007）。从这个角度看，中国式的渐进改革并不是“大爆炸”的渐进版本（罗德里克，2009），而是通过创新性和本土化的过渡性制度逐渐在放权的同时理顺经济激励的过程。

---

① 当然这并不是说双轨制和家庭联产承包责任制的“理论运行成本”更低。例如双轨制所带来的套利和寻租成本绝对是不容忽视的。这里仅希望说明作为过渡性政策，它们所引致的改革成本更小。

市场并不是一个自我创建、自我调节、自我稳定以及自我合法化的制度，其建立和顺利运转需要支持性制度。罗德里克（Rodrik，2009）认为支持性制度至少包括产权制度、监管制度、宏观经济稳定制度、社会保障制度和冲突管理制度；而这些制度在阿罗—德布鲁框架中均被假设预先存在或无足轻重，因此也导致市场论的分析往往缺乏制度因素。但是强调新古典框架缺乏对制度因素的考虑并非是说标准的经济原理不成立，而是意味着需要以合适的方式将制度的因素重新引入分析。钱颖一（Qian，2002）也指出，忽视制度作用的研究往往混淆了改革的目标和如何实现目标的过程，因此无法正确理解中国在转型过程中使用的许多“非常规”但有效的改革措施。

许多学者因此尝试将制度因素引入分析，对中国如何在改革过程中以政府主导的方式逐渐建立市场机制的基础制度问题进行了深入讨论，我们将这类理论统称为制度论。与市场论的出发点不同，制度论提出以下三点：其一，市场机制所需的制度基础可以是多样化的；其二，在事前每个制度和政策的效果都具有不确定性；其三，推动相关制度建立的动机往往是非经济的。基于这三点，相关学者认为：第一，标准的改革“蓝图”需要与本土知识相结合才能形成最合适（改革收益最大）的制度结构；第二，为了克服事前不确定性，必须进行有效的制度试验；第三，对经济制度的讨论不能脱离政治和行政制度的实际情况。

从制度的角度看，在改革中市场和政府之间并不是此消彼长的对立关系，而是相互支持、相互配合的互动关系。一方面，市场机制的有效运作需要政府建立和维持的支持性制度，另一方面，政府也需要市场机制所带来的经济效率以达到执政目标、维持统治。制度论认为市场和政府之间存在更深刻的联系，而且合适的激励效果仅在二者相互协调的情况下才能实现。因此，制度论特别注重经济制度和政治制度之间的相互结合。

在本节，我们将以以下问题为线索具体介绍制度论的相关观点：第一，为什么需要政策试验，以及政策效果不确定性的来源是什么？第二，中国政策试验的方式和相关激励机制是什么？第三，政府（尤其是中央政府）推行试验的动机是什么？

一、改革不确定性和政策试验

正如德瓦特里庞和罗兰（Dewatripont and Roland，1995）深刻指出的，许多对于经济改革的分析隐含地假设了改革总是会改善所有人的状况，因此忽视了改革可能失败所带来的成本以及相关的不确定性。在经济改革中可能出现两种相互关联的不确定性：改革本身是否可以达到预期目标，以及改革导致利益格局改变引发的政治阻力。本土知识对于识别最大的经济制约因素以及相关的改革成本（扭曲之间相互影响）十分重要。

改革目标可能无法实现的原因在于理论上“最优”的改革措施并非总与实际的经济要求一致。穆坎德和罗德里克（Mukand and Rodrik，2002）指出，在一个国家成功的改革措施可能会在另一个国家失败。例如，双轨制在中国改革中起到了积极的作用，但是在苏联的尝试却失败了。造成制度效果不同的原因可以是相关支持性制度的不同，也可能是经济中许多扭曲之间相互作用导致结果最终难以预料。诺斯（1994）也发现，由于非正式制度和具体执行情况的不同，相同的正式制度往往在不同国家中表现出不同的作用。

罗德里克（2009）通过对中国、韩国和日本改革成功经验的总结发现，经济理论和制度安排并不是严格的一一对应关系：有效的制度安排一定是普适性的经济学原理与具体的经济背景相结合的结果。相同的经济原则可以通过不同的制度安排进行满足，这也为制度选择的多样性留下空间。除了之前提到的价格双轨制的例子外，乡镇企业的成功也是制度多样性的典型代表（Qian，2002）。虽然从理论上讲，产权归地方政府不会比归私人带来更高的效率，但是在中国当时特有的政治和法律条件下，企业家与地方政府合作比直接由私人经营更加安全，因此出现了大量成功的乡镇企业。

此外，改革的结果往往造成利益格局的改变，而这又会为改革带来政治风险。费尔南德斯和罗德里克（Fernandez and Rodrik，1991）证明了在改革收益和损失不确定的条件下，即使一项改革可以在事后使大多数人获得收益，但是在事前却会被大多数人否决。德瓦特里庞和罗兰（1995）进一步指出，如果改革结果是不确定的，“大爆炸”方式可能（比渐进改革）更难获得支持进而会更晚发生。

对改革有效性和对政治约束的识别都需要本土知识，而在获得本土知识方面分散式试错的渐进式改革往往具有优势。姚洋（2008）将中国经济改革看作制度创新的过程。参与国企改革过程的原国家经贸委企业司司长邵宁（2014）也指出，国企改革路径从很大程度上是被“倒逼出来”的。从著名的家庭联产承包责任制和乡镇企业的出现，到国企改革，再到经济特区，中央相关改革措施的出台往往是基于地方试验经验（Xu，2011）。

这种地方试验中央推广的改革路径极大地减少了改革所面临的不确定性。渐进改革除了可以获得更多的信息（Dewatripont and Roland，1995；Qian et al.，2006）之外，还可以化解部分政治阻力。魏尚进（Wei，1997）、拉丰和钱颖一（Laffont and Qian，1999）发现，渐进式改革可以更好地分散、化解反对力量，进而使改革具有可持续性。

二、政策试验的制度基础

回顾各国的改革历史，中国并不是唯一采用政策试验的国家。例如，赫鲁晓夫曾在1957年和1958年通过试错的方式进行分权改革。但是此改革却因为严重的协调困难而失败了，而且也成了东欧各国采取“大爆炸”改革的一个直接原因（Xu，2011）。那么，为什么其他国家尝试不如中国成功？许多支持制度论的学者认为，这与中国独特的政治经济制度有关。

钱颖一等认为中国改革取得的成功与其对“试点—推广”的试验模式的采用和M型的经济结构有关（Qian et al.，1999，2006）。“试点—推广”的试验模式是指在改革措施正式出台之前，往往会在地方进行政策试验。在试验中获得的成功经验一经认可便会被广泛推广。例如，在1979年初探索国企改革具体措施的过程中，来自四川的放权让利经验就很快被认可并在全国推广。这种试验方式使中国以较低成本进行试错，找到将经济原则与本土知识相结合的改革措施。此外，M型的经济结构保证了不同地区之间经济结构的相似性，使得在一个地区有效的改革措施也很可能在另一个地区仍然有效，进而试错经验可以被快速推广。钱颖一和许成刚（Qian and Xu，1993）详细解释了中国经济M型结构的历史原因，并且说明在建立大规模的私有经济部门的过程中，中国是通过地区分权和试验的方式逐渐引入私有部门，而非类似东欧的全面私有化。地区分权和试验模式的优势是在建立足够规模的私有部门的同时也建立了更为合理的竞争秩序和组织结构，而后者才是决定经济绩效的更重要因素。

政策试验模式要求为试验的主要执行者——地方政府提供足够的自主权和激励。以温加斯特（Weingast）和钱颖一为代表的“保护市场的联邦主义”从财政角度提出，中央政府向地方政府分权保证了地方官员有能力对辖区内经济事务进行管理，而辖区间的竞争和政府间的制衡会激励地方官员促进经济发展①。许成钢（2011）提出中国采取的制度是地区分散集权制（regionally decentralized authoritarian，RDA），其主要特点为政治和人事制度上的高度中央集权，以及经济事权上的地方分权。一方面，地方的行政官员由上级中央政府指派，并形成稳固的“中央—地方”控制力。另一方面，地方政府对在其辖区内的行政事务几乎拥有全部事权，以配合中央战略目标以及自身发展计划。RDA 制度以人事升迁为主线，激励地方政府官员结合自身私人信息积极进行地区改革试验，并展开区域竞争，由下而上地吸取地方改革经验，快速释放和发展生产力，带动中国整体经济增长。同时配以官员轮转晋升制度，促使改革经验快速扩散，更进一步推动经济增长。许成刚还说明，RDA 制度在中国取得巨大成功也与中国的特殊国情有关。由于各省之间经济组成类似，外生冲击对其的影响具有可比性，同时，各省的经济较为独立且结构完整类似于 M 型组织结构框架，因此可以进行有效的区域竞争。

对地方领导的主要激励手段便是干部管理体制下的晋升激励。对政府官员而言，行政级别问题极为重要。在公务员体系下，不同级别不仅对应不同的待遇，更为所有官员建立了明确的排序和晋升标准。不论官员的目标是更高的福利待遇，还是更大的政治影响和政治作为，谋取政治晋升都是最重要的实现手段。在通过行政级别将官员的目标统一后，更重要的问题是如何将官员的工作目标与个人晋升目标相统一，即实现激励相容。中国政府解决此问题的方式是对官员进行考核，并将晋升可能与考核结果相联系。根据此制度，谋求同一岗位的官员之间形成直接竞争，当经济绩效成为考核目标时，官员之间的竞争便促使所有官员努力实现经济绩效。

然而，目前经济学界对影响晋升的决定因素仍存在争论，而且可以大致分为“政绩论”和“关系论”（杨瑞龙等，2013）。政绩论的代表是晋

---

① Weingast，B. R.，The economic role of political institutions：Market-preserving federalism and economic development. Journal of Law，Economics，& Organization，1995，pp. 1 – 31.

Qian，Y.，& Weingast，B. R.，China's transition to markets：Market-preserving federalism，Chinese style. The Journal of Policy Reform，Vol. 1，No. 2，1996，pp. 149 – 185.

也可参见杨其静等：《保护市场的联邦主义及其批判》，载《经济研究》2008 年第 3 期；

曹正汉：《统治风险与地方分权关于中国国家治理的三种理论及其比较》，载《社会》2014 年第 6 期；

周雪光：《行政发包制与帝国逻辑，周黎安〈行政发包制〉读后感》，载《社会》2014 年第 6 期；

周黎安：《行政发包的组织边界兼论“官吏分途”与“层级分流”现象》，载《社会》2016 年第 1 期；

周黎安：《行政发包制》，载于《社会》2014 年第 6 期。

升锦标赛理论（Li and Zhou，2005；周黎安，2007）。该理论认为辖区的经济增长率决定了官员能否晋升。马金斯、钱颖一和许成钢（Maskin, Qian and Xu，2000）的发现也支持这一理论。然而，陶然等（2010）从时间一致性、选择指标片面性、激励扭曲、增长与官员努力的相关性以及内生性方面质疑了"锦标赛"理论。与政绩论相反，关系论认为决定晋升与否的关键在于官员的政治关联，例如奥珀和布雷姆（Opper and Brehm, 2007）与盛玉民（Sheng，2009）均发现在控制了政治关系方面的变量之后，经济绩效对官员晋升的影响并不显著。杨其静和郑楠（2013）的观点介于关系论和政绩论之间，认为辖区的高经济增长确实对晋升有帮助，但是并不是直接增加官员的晋升概率，而是使候选官员可以进入下一轮筛选，进行其他维度的竞争，因此经济增长绩效更类似于门槛而非加分项。虽然对于晋升决定因素的讨论仍在继续，但是可以肯定的是通过对官员晋升渠道的把控，中央政府可以通过设定晋升考核目标直接左右地方政府的行为。

三、放权与试验的政治动机

地方竞争和官员晋升可以解释地方政府进行经济改革的动机，但是为什么中央政府愿意放权？学者们普遍认为中央政府放权的目的在于实现有效治理并维持统治，但是对于如何解释中国的治理结构和治理机制问题上仍然存在争议①。

曹正汉（2011）认为对政权稳定构成首要威胁的是来自民众的不满和抗争，因此为了化解来自民众的统治风险，中央政府在下放管治民众的权力的同时，也将容易引发矛盾的行政事务交给地方政府处理，从而使中央政府的职责主要为通过选拔、监督、指导和考核的方式控制地方官员。这种治理模式被他称为"中央治官、地方治民"。这种结构不但降低了中央政府的治理成本、引入地区竞争，而且降低了来自人民的统治风险，促进了政权稳定。

① 更详细的讨论可以参见曹正汉：《统治风险与地方分权——关于中国国家治理的三种理论及其比较》，载《社会》2014 年第 6 期；

周黎安：《行政发包的组织边界兼论"官吏分途"与"层级分流"现象》，载《社会》2016 年第 1 期；

周黎安：《行政发包制》，载《社会》2014 年第 6 期；

周雪光：《行政发包制与帝国逻辑，周黎安〈行政发包制〉读后感》，载《社会》2014 年第 6 期。

周雪光（2011）特别关注中央政府在提高治理效率和维护政权稳定之间的根本冲突。中央集权程度高，虽然增加了中央政府的统治力，但却降低了权威体制的治理能力；同时，如果向地方政府分权过多，则容易导致地方政府失控，威胁政权的稳定。周雪光更关注的是为了维护微妙的平衡衍生出了多种灵活的应对机制。

周黎安提出了行政发包制的概念以描述中国政府的治理特征（周黎安，2008，2014；周黎安、王娟，2012）。行政发包制是一种介于科层制和外包制之间的体制，通过纵向发包和横向竞争的方式平衡公共事务的质量压力、统治风险和治理成本。第一，由于地方政府具有机会主义倾向可能会影响中央的统治，因此需要中央政府控制对地方官员的人事管理权、监督考核权以及对地方重大投资项目的行政审批权。第二，对于统治风险小的其他行政事务采用发包的形式交给地方，从而减小治理成本。第三，地方政府的机会主义倾向也可能使公共事务的质量降低，导致中央面对来自民众的质量压力。上述三个因素决定了发包和科层制的相对程度大小。

三种理论通过不同视角，对地方政府的角色进行了不同的定义，进而引出了不同的放权收权模式。不过三者都明确地指出了分权和集权的关系取决于中央政府在治理效率和政权稳定（统治风险）之间的取舍。

第五节 总结性评述

对国有企业的研究是理解中国改革已取得的成绩和未来改革方向的重要切入点。学术界对国企的研究逐渐形成了两种截然不同的观点，本章将这两种观点分别总结为国企低效论和国企有效论。国企低效论从标准经济理论出发，以市场机制的资源配置有效性为基础，认为国企由于对其经营者自主性和激励不足、行政干预过多、社会负担较大以及预算软约束等原因造成了宏观上的资源配置扭曲和微观上的经营低效。国企有效论从中国经济和政治现实出发，认为国企作为特殊的企业形式，通过承担特殊的职能支持了经济的发展。具体说来，这表现在国企起到了保证公有制为主体的经济制度、实现技术扩散和赶超、维持宏观稳定、发展民族产业、贯彻国家经济战略等重要作用。因此，在未来的改革中，无论是国企产业布局优化还是治理结构改革，都应以更好地承担上述职能为目标。实际上，由于强调国企与政府之间联系的重要性，国企有效论涉及了改革的核心问题，即政府在改革中有何作用？对于这个问题的回答来自近期的制度经济学和组织经济学研究。学者通过对中国改革过程研究发现，市场的有效运行需要支持性制度的保障，而且具体的制度形式取决于地方实际情况，往往需要经过试错才能找到。政府对经济发展和改革的作用体现在对支持性制度的建立，而这又要求行政体制对相关官员和机构提供合适的激励。

通过对相关研究的回顾我们可以发现，在对国企和政府经济作用的研究中，仍有一些工作需要完成。第一，现有研究缺乏对国企与政府之间关系的系统性讨论。现有文献虽然对政府在改革中的作用进行了详尽的讨论，但仍然很少讨论政府的作用是如何通过国企实现的。特别是对政府通过国企承担经济职能的讨论中，大部分研究仍是以文字定性分析为主，缺乏严格的模型化分析。第二，由于分析框架不同，不同观点之间尚未实现有效融合。造成这一结果的部分原因在于，国企低效论采用的是一般均衡的模型框架，而国企有效论并没有清晰的理论模型框架支持。

本书希望完成这两项任务，将政府、国企和经济增长之间的关系纳入统一的理论框架内，进而结合竞争均衡和博弈论的模型分析手段，尝试为不同观点提供统一的分析工具和讨论平台。从下一章开始，我们首先以国家经济能力概念为核心，构建起整体理论框架，然后在之后的四章中分别详细讨论政府如何通过国企提升了国家经济能力，并利用三个模型对具体的机制进行详细讨论。

第三章

经济转型发展与国家经济能力

第一节　引　　言

本章将介绍本书的核心概念——国家经济能力。为了引入此概念，首先需要回答的根本性问题是：市场经济秩序是如何建立的？需要克服哪些困难？对此问题的回答可以帮助我们准确定位政府在建立有效经济秩序中的作用，进而理解国家经济能力的内涵。反过来说，如果认为只要政府放权，市场经济经济秩序的建立之路就一片坦途，那么便不存在国家经济能力的概念，因为政府所需要做的仅仅是放权和收手，无须施展任何“能力”。

针对此问题，本章将以“先破后立”的顺序介绍正反两方面观点。以新古典为核心的经济学研究倾向于将经济转型和市场经济秩序建立视为“去管制”和“自由化”过程，并且强调市场制度固有的（帕累托）效率，因而将现实中大部分经济问题也归结为管制过多和市场不足问题。政府的经济职能被限定在保护产权、执行契约等“守夜人”职能，而对资源配置问题的介入越少越好。

不难想象，对于信奉此观点的学者而言，国家经济能力最多只是一个伪概念，甚至可能是政府“乱为”的托词。因此，我们首先需要解释的是，为什么新古典经济学描绘的图景与现实不符。我们将从三个方面来反驳此观点。第一，一般均衡理论及建立在其之上的福利经济学是一个关于均衡特点的理论，而非均衡如何实现的理论。换句话说，它仅能告诉我们如果均衡实现了会怎样，而不能告诉我们如何从现状达到理想的均衡，以及此过程中可能遇到的困难。第二，在市场从无到有、从粗糙到完善的过程中充满了市场失灵，此时政府对资源配置的协调可以帮助经济体克服发展瓶颈，帮助市场机制更有效地发挥作用。第三，经济转型过程涉及生产关系和社会关系的调整，本质上是用非人格化的经济关系来替代原先人格化的经济关系。因此，为了转型成功，政府必须要有能力克服新旧关系冲突而造成的社会震荡和社会成本。

基于此，本章希望将中国经济转型发展过程刻画为一个“破旧立新”的过程，并且“破旧”过程会制造社会成本，“立新”过程会遇到市场不完善而造成的市场失灵。针对这两方面困难，我们借鉴政治学中“国家能力”（state capacity）的概念（Evans，1995，1997；李剑，2014），提出“国家经济能力”的概念，强调政府在社会成本承担和战略协调方面的作用。

第二节　经济转型发展过程的特点和挑战

福利经济学第一定理告诉我们，资源的市场配置总是帕累托最优的。基于此，许多赞同“国企低效论”的学者坚信市场机制可以实现自发的效率，因此为了实现经济增长，政府管的越少越好。本节将从实际和理论两个方面反驳上述观点。一方面，从历史的角度来看，实现经济发展需要克服的不仅是生产无效率的问题，而且往往需要妥善地应对政治、经济、社会甚至军事方面的各种挑战，因此需要政府具有相应的国家经济能力为经济建设保驾护航。另一方面，从理论角度来看，一般均衡理论实际上并不能很好地支持“市场经济等于经济增长”的论断，甚至在一般均衡理论框架之内反而可以得出“在经济动态调整（增长）的过程中，市场机制可能导致协调失败（coordination failure）”的结论。

一、一般均衡理论的局限：均衡稳定性问题

许多学者在强调竞争、私有产权和价格自由化对经济效率的影响时常常借助新古典的框架对其观点进行论证，并隐含地假设一般均衡下的资源配置效率越高，经济增长越可持续、速度越快。那么，一个根本性的问题是，一般均衡理论能否支持以上假设？本节从均衡的稳定性和发展过程中不可避免的外部性两个方面说明，静态一般均衡下的“资源配置效率决定增长”的断言存在逻辑缺陷。这也意味着在推动增长的过程中，政府可以

扮演积极的作用。

从基础理论层面看，虽然阿罗和德布鲁证明了一般均衡的存在性以及福利经济学的相关定理，但是这并不直接意味着在任何经济初始条件下建立市场机制均可以实现经济效率的增长。这是因为，一般均衡理论仅仅告诉我们存在一个有效的市场均衡，但是并不保证市场机制下的供需法则会引导当前经济逐渐收敛到此均衡。均衡的收敛性问题被称为均衡的“稳定性”问题。不难发现，真正与发展和转型过程相关的是均衡的稳定性问题。如果均衡具有稳定性，那么建立了市场机制之后，政府只需“站在一边静静地享受自发出现的增长”即可（Roll and Tallbott，2001）。然而如果均衡不具有稳定性，那么很可能在市场机制建立后，资源配置情况仍然长期偏离市场均衡，甚至更加恶化。

借助数学的语言，均衡稳定性问题讨论的是在任意给定初始条件下，是否存在均衡调整过程保证整体资源配置收敛于均衡配置（Ingrao and Israel，2015）。遗憾的是，这个问题的回答总体来说令人失望，均衡稳定性往往不成立或仅在极其苛刻的条件下成立。

阿罗、赫维克兹等（Arrow and Hurwicz，1958；Arrow，Block and Hurwicz，1959）在严格的总替代性（gross substitutability）假设下证明了一般均衡的稳定性，但是后来的经济学家发现很难将此假设进一步放松。更不幸的是，史卡夫（Scarf，1960）给出了互补性条件下价格无法收敛到均衡点的反例，而且索南夏因（Sonnenschein，1972）发现，一般均衡框架对市场过剩需求函数的二阶偏微分矩阵并没有任何限制，而此矩阵直接影响均衡的局部动态性质，因此存在大量的反例。这也就是说，仅依靠市场的力量并不足以自发地将资源配置到均衡状态，因此不应夸大“看不见的手”的作用。

如果市场力量不足以保证均衡的稳定性，那么能否设计出一种价格调整机制使此性质得到保证？斯梅尔（Smale，1976）证明了如果价格调整采用一种类似于数值分析中牛顿法的方式进行，那么可以保证一部分初始情形收敛到均衡点。然而，此时价格调整所需要的信息量大大增加——不仅需要知道超额需求，而且还要知道超额需求函数在各处的一阶导数。由于此时一个市场中的价格调整不仅依赖于本市场面临的超额需求，还需要考虑到其他全部市场的情况，因此其现实意义有限。沙里和西蒙（Saari and Simon，1978）证明了无法消减上述牛顿过程所需要的信息量且同时保证其有效性。

简单说来，“看不见的手”的寓言并不能很好地推广到一般情形。市场机制本身无法保证价格总是趋向均衡点，并且如果希望调整价格机制以获得某种收敛性质，那么便会遇到苛刻的信息要求。这也意味着一般均衡模型的规范性意义有限——对于后发国家而言，将资源配置功能完全交给市场，无法保证经济可以自发地发展并收敛到资源有效配置情形。

更进一步地，由于一般均衡可以被视为一个特殊的纳什均衡，不妨考虑更一般的问题：由纳什均衡所刻画的竞争秩序是否可以自发实现？如果我们希望每个参与人的策略调整仅仅依赖于自身的收益信息而不依赖别人的收益情况，那么哈特和马斯－克莱尔（Hart and Mas－Colell，2003）证明了任何动态调整过程都不能保证收敛到纳什均衡。反过来说，这意味着如果希望通过任何动态调整过程来保证自发秩序的形成，那么每个参与人必须对其他人有足够的了解。

当然，以上的负面结论并不意味着自发秩序一定无法实现，但是却足以证明有效竞争秩序的建立绝非易事，而且取决于参与人或规划者的信息条件。这不由使人联系到哈耶克对计划经济的批评：他认为计划经济的实现必须建立在计划者可以获得大量但分散的信息的基础上，而市场经济的优势就在于可以自发有效地利用巨大数量的零碎信息（Hayek，1945）。后续的经济理论发展至少说明了上述观点对于市场经济的信息利用能力可能过于乐观。

二、市场不完善与战略协调需要

许多经济学家发现在转型国家中市场机制不完善导致的外部性因素显著，因此价格信号失灵，导致市场机制的潜在效率无法完全发挥。投资的动态外部性便是一个例子。

一般而言，经济参与人之间的互相影响可以分为两类：通过价格间接影响（价格外部性）和对参与人决策的直接影响（实际外部性），并且在一般均衡框架下可以证明价格外部性不影响市场均衡的效率。除价格外部性和实际外部性外，西托夫斯基（Scitovsky，1954）还定义了第三种外部性——利润外部性，即一个参与人的利润受到其他参与人决策影响的情形。利润外部性是一个更加广泛的概念，它既包括技术外部性也包括价格外部性，但是与我们之前的外部性概念不同，此概念主要关注的是生产者之间的外部性。西托夫斯基认为，在不发达经济体中投资是一个重要的问题。投资是一个典型的动态问题但是一般均衡理论是一个静态理论。如果连续不断的逐利投资行为可以导致经济趋于稳定，那么静态理论是近似有效的，否则，一般均衡框架下的结论不适用。遗憾的是，由于利润外部性的存在，连续投资并不一定导致经济趋于有效的均衡。

西托夫斯基关注的问题实际上与均衡调整问题类似。当一个产业存在正利润时，便会吸引投资，直到利润消失。考虑两个厂商 A 和 B，其中 A 的产品是 B 生产的投入要素。如果 A 进行了一项扩张产量的投资，那么便会使其产品价格下降，进而 B 的利润会因此上升。此时可以看出，A 的投资通过价格影响了 B 的利润，因此属于价格外部性。类似的，厂商 B 获得利润后有激励进一步投资扩张，进而提升其对 A 产品的需求，并使 A 的利润也因此上升，如此反复。不过根据上述分析，每一项投资的私人收益小于社会整体投资收益，因为其投资对其他厂商产生的价格外部性不会被投资主体所考虑，所以必然存在某些私人收益小于投资成本但是社会收益大于投资成本的情况。因此，存在个人收益为负但是社会受益为正的投资。在市场机制下，此类投资无法顺利实现，而此时阻止均衡实现的正是价格外部性。

一个简单的解决方案是将厂商 A 和 B 一体化，进而全部价格外部性全部内部化，两个厂商作为一个投资主体可以一次投资到位。然而，显然上述讨论中仅仅关注了一种可能的价格外部性，厂商 A 和 B 可能还有很多其他关联厂商（以及关联厂商的关联厂商等），并且价格外部性也不仅限于正外部性（例如 A 和 B 的产品是替代品），这便导致投资的效率分析十分复杂，并不是简单的企业层面一体化就可以解决的。此时，存在两个均衡，一个外部性内部化后的高水平均衡和一个分散决策下的低水平均衡，并且市场机制无法有效协调投资，使经济困在了低水平均衡。

鉴于市场机制在动态调整过程中可能出现协调失败，政府对资源的控制便是克服协调失败的重要手段。从这个方面讲，转型国家要想突破发展瓶颈，需要政府有能力实现资源的战略协调。

为了克服协调失败，罗森斯坦 - 罗丹（Rosenstein - Rodan，1943）提出了著名的大推进（big push）理论，强调为了使经济脱离低水平均衡必须要在很多不同领域同时进行配套投资。罗森斯坦 - 罗丹（1943）认为在经济发展初期，一个产业的现代化投资也会增加另一个产业的盈利能力，即经济中充满了外部性。因此，对很多产业而言，虽然单独进行现代化投资是不合算的，但是如果所有产业整体现代化，那么所有产业便可以同时盈利。换句话说，经济发展面临协调问题，如果不能使所有产业同时实现现代化，那么现代化便无法实现。罗森斯坦 - 罗丹的理论意味着发展中存在普遍的多均衡问题，而且如果没有额外的发展协调计划，即使存在正常运行的市场机制，不发达国家仍可能被困在低水平均衡中。在这种情况下，市场失灵直接表现为协调失败。

基于这一观察，罗森斯坦 - 罗丹提出了大推进（big push）计划，要求所有产业同时发展以保证发展外部溢出效应可以被有效内部化。这也意味着，经济发展的启动必须以一定数量的协同投资为前提（Rosenstein - Rodan，1961）。

罗森斯坦 - 罗丹的理论并没有引起当时新古典理论拥护者的重视。一个重要的原因是他没有一个完整的理论来解释为什么发展会具有外部溢出效应（Hoff，2000）。不过罗森斯坦 - 罗丹（1961）也提到一些制约自发增长的可能原因：第一，现实生产中存在不可分割性（indivisibilities）和不可占用性（non-appropriabilities）。不可分割性意味着生产和投资活动的灵活调整能力有限，因此会产生规模收益，而不可占用性意味着生产具有技术上的关联性，因此造成外部性。第二，投资问题是一个动态问题，而均衡理论是一个静态理论，其有效与否依赖于投资者对未来的判断能力。根据阿罗—德布鲁模型，投资的效率仅在期货市场完全时达到，但是如果考虑人的认知有限性和未来的不可预测性，即使在发达国家期货市场也很难是完全市场，因此投资效率几乎无法保证。第三，不发达国家的市场本身就存在很多缺陷，因而基于此市场的价格信号往往也是失效的。后来的经济学者也分别从收入的外溢性（Murphy et al.，1989），分工程度与市场规模的互补性（Rodriguez - Clare，1996）以及人力资本投资的规模报酬递增性（Rodrik，1996）等方面进一步解释经济互补性和溢出效应的来源。

由于主张对所有相关产业进行同步推进，罗森斯坦 - 罗丹的大推进计划被赫希曼（Hirschman，1958）称为“平衡发展战略”。可以看出，平衡发展战略的目标在于克服市场机制的协调失败（coordination failure），即分散决策的主体在市场机制下无法将经济协调至高水平均衡，因此需要通过战略计划的手段实现协调。

赫希曼（1958）同意罗森斯坦 - 罗丹对不发达国家经济状态的观察，但是不同意其大推进的解决办法。根据大推进理论，经济的发展取决于一系列相互关联的前提，而且发展仅在所有前提都被满足的情况下才能出现。赫希曼认为无法想象这么多条件可以在不发达国家中同时满足，穷国不能奢望所有条件均成熟时的经济发展，只能在发展过程中逐渐满足这些条件。更重要的是，他认为不发达国家应该从一个核心战略性产业入手，借助罗森斯坦·罗丹所描述的产业相互关联来实现“跷跷板式”的增长。举例说来，政府对核心产业的推动（多数情况下无法立刻盈利）为其上游产业制造了需求，进而其上游产业便可以自发发展，借助超额供给或规模效应使自己产品的价格下降，进而又消减核心产业的成本，完成一次良性循环。根据上述解释，核心产业自然便是拉动效应（前向和后向联系）最大的产业。需要注意的是，对核心产业的拉动往往是违反当前市场规律的，但是却对经济的长期发展具有重大的意义。因此，简单地利用利润指标对其衡量无法准确地认识到其全部经济作用。

赫希曼称自己的理论为“不平衡发展战略”，其优势在于比“平衡发展战略”需要更小的投资便可以启动经济增长，而且利用了产业之间的联系实现了良性循环。他还进一步指出，约束不发达国家经济增长的往往不是物质资本的稀缺，而是企业家决策能力的不足，不平衡发展战略可以将复杂的经济发展任务以引致需求的方式明确地展示出来，减少了决策难度，也极大地降低了对企业家决策能力的要求（Hirschman，1984）。

总而言之，无论是大推进计划还是不平衡发展战略，都需要政府有能力通过战略推行的方式将资源投入至目标领域以启动经济的增长。如果我们将经济发展问题的核心视为一个经济的动态调整问题，那么便可以清晰地认识到一般均衡理论并不适用于分析经济发展问题。甚至，在一般均衡框架中我们还可以得到“即使在市场机制满足私有产权、有效竞争的条件下，仍无法保证经济资源的动态有效配置”这样与其核心观点相悖的结论。因此，经济发展与市场机制之间的关系远非经济自由主义者所想象的那么简单，政府与市场在发展过程中具有广阔的配合空间，而不应陷入无谓的“优劣”争论。

国家经济能力对经济增长的直接影响主要通过国家的战略协调能力实现。首先需要指出的是，政府控制的资源范围越大、越直接并不意味着其战略协调能力越大，因为维持战略实施的成本也很大。在改革开放以前，国家配置资源的手段是计划。然而，以米塞斯（Mises）、哈耶克为代表的学者指出计划经济的一大弊端在于无法充分利用零散但重要的经济信息，从根本上制约了计划经济的效率（Hayek，1937，1945）。在这之后，经济学家又从预算软约束、代理人激励等方面论证了计划经济可能造成的效率损失（Makowski and Ostroy，1992；Colenai，2007；等）。中国的改革实践也支持了以上理论预测：随着政府向市场不断放权，整体的经济效率显著提升，同时政府也越来越有能力推行战略以实现更加困难的经济目标。

然而，正如前面所指出的，市场机制并不是完美的，政府仍然可以通过有效干预帮助市场克服协调失败。中国政府经济战略主要以五年计划/规划的方式提出。为了与市场机制相适应，在五年计划/规划中经济类指标数目逐渐减少，并且其中类似指令计划方式的约束性指标数目不断下降，约束对象也逐渐从企业变为了政府（韩博天、麦尔敦，2013；胡鞍钢，2013）。不过最核心的国家职责仍然得到保留，例如战略性的发展优先顺序、主导资源进行产业结构调整以及实施宏观调控等职能仍然得到体现，并且相应的目标也与干部考核机制相联系，具有相当的约束力（韩博天、麦尔敦，2013）。

为了论证五年计划/规划可以提高资源配置效率，鄢一龙（2013）从知识利用的角度提出了一个具有启发性的观点。正如哈耶克所指出的，经济的绩效取决于经济决策者所获得的知识。但是对于经济发展有用的不仅是零散的本地知识，也包括大量的“整体知识”。所谓整体知识即关于经济社会整体状况和长远状况的知识，包括对于现状的描述性知识、对现有问题的诊断性知识以及对未来的预测性知识等。如果将政府帮助市场克服协调失败视为公共物品的提供，那么这些知识对于政府提供公共物品和服务是至关重要的，决定了“提供什么、提供多少、何时提供”的问题。[①] 从这个角度看，通过合理运用战略协调能力，政府可以实现与市场的有效协同，促进经济增长。

三、因地制宜和不确定性

对于转型期间的中国而言，经济增长的根本动力来自改革，而改革的核心在于市场机制的建设，是一个政府向市场有效放权的过程。不过，私

① 关于五年计划/规划制定的过程、内容以及政策试验方式可以参见韩博天：《通过试验制定政策：中国独具特色的经验》，载《当代中国史研究》2010 年第 3 期；

韩博天、石磊：《中国经济腾飞中的分级制政策试验》，载《开放时代》2008 年第 5 期；

韩博天、奥利佛·麦尔敦著，石磊译：《规划：中国政策过程的核心机制》，载《开放时代》2013 年第 6 期；

胡鞍钢、鄢一龙、吕捷：《中国发展奇迹的重要手段——以五年计划转型为例（从“六五”到“十一五”）》，载《清华大学学报（哲学社会科学版）》2011 年第 1 期；

胡鞍钢：《中国独特的五年计划转型》，载《开放时代》2013 年第 6 期。

对五年计划/规划的疑问可以参见巴里·诺顿著，安佳译：《中国经济：转型与增长》，上海人民出版社 2010 年版。

有制、价格机制这些制度的形式容易建立，但是有效的竞争秩序并不是形式完备之后就自动出现的（Qian and Xu，1993）。一个措施和制度是否可以促进有效竞争提升效率与地方实际情况有关，只有在改革措施切实地解决了当地发展的最大制约因素之后，增长才有可能出现。罗德里克（2009）还发现，由于发展中国家中扭曲大量存在且相互影响，真正行之有效的制度和措施往往是理论上"次优"的。这也意味着经济理论上"最优"的制度安排对于改革路径选择的指导有限，经济增长更需要的是适应当时、当地情况的"本土制度"，而"本土制度"需要将经济原则与地方知识（local knowledge）通过实践和探索相结合才能获得。在此过程中，包含着大量的不确定性。

通过政策试验来确定改革方向是中国改革的一大经验，具体表现为试验性法规、试点和试验区（韩博天，2008）。通过允许地方政府和企业在更大范围内进行试错并配以相应的资源和政策倾斜帮助中国改革实现了许多重要的制度创新，但同时，这种放权的过程也伴随着代理人（地方政府和企业）道德风险的增加。此时，如何在放权过程中保证对代理人的控制能力便是有效政策试验的基础和关键。

组织经济学和委托代理理论告诉我们，解决道德风险的一个方法在于选择有效的指标建立绩效激励。许成刚（2011）将中国经济模式总结为政治集权、经济分权的"向地方分权的威权主义体制"（Regionally Decentralized Authoritarianism）。[①] 中央政府负责地方政府的人事权，而地方政府获得了辖区内经济治理权，并相互竞争以谋求晋升。这种模式的特点在于保证了地方试验的积极性和有效性，使中央政府可以以更加激励相容的方式推进改革，促进经济增长。

总之，虽然理论上政府是有作为空间的，但是在事前，决策者很难确切地知道一项政策会产生什么样的效果，因此需要大量的可控试错以及查漏补缺。反过来讲，由于不确定性的存在，政府也必须对可能的摩擦甚至

---

① 类似的观点还有"保护市场的联邦主义"，可以参见 Qian，Y.，& Xu，C.，Why china's economic reforms differ：The m-form hierarchy and entry/expansion of the non-state sector. Economics of Transition，Vol. 1，No. 2，1993，pp. 135 – 170；

Qian，Y.，& Weingast，B. R.，China's transition to markets：Market-preserving federalism，Chinese style. The Journal of Policy Reform，Vol. 1，No. 2，1996，pp. 149 – 185；

Weingast，B. R.，The economic role of political institutions：Market-preserving federalism and economic development. Journal of Law，Economics，& Organization，1995，pp. 1 – 31.

杨其静和聂辉华对其的批评参见：杨其静、聂辉华：《保护市场的联邦主义及其批判》，载《经济研究》2008 年第 3 期。

试错失败有所准备，否则即使改革的方向正确，也将因为社会阻力而难以继续推进。我们在下一小节具体讨论改革成本的相关问题。

四、经济转型的非经济成本

卡尔·波兰尼（Corl Polanyi）说，自由市场“是精心设计的国家行为的产物”。回顾中国改革过程便可以发现，改革是一个系统性工程，市场的建立是政府对各个方面制约因素成功解决的结果。制约因素不仅源于经济方面，更来自政治和社会方面。但是以新古典理论为基础的主流经济学理论很少关注建立市场机制过程中的非经济、非生产性阻碍①，但是政治、军事以及社会因素往往对经济发展路径的影响极大，而且若是无法妥善处理这些阻碍，可能导致严重的政治和社会后果，经济发展更是无从谈起。

国家的经济制度和发展路径的选择从来都是多种因素共同作用的结果。以中华人民共和国成立初期的发展战略选择为例，20 世纪 50 年代重工业优先战略的实施便与国际形势、军事需要以及苏联的援助有关，其产生的影响也不仅局限于经济效率，更是造成了粮食统购统收、户籍制度、城市用工制度等深刻影响社会生活各个方面的政策（诺顿，2010），以及更加难以估量的政治、军事效果。除了重工业优先战略以外，三线建设也是一个具有代表性的例子。在 20 世纪 50 年代末 60 年代初，国际形势急剧变化，中国安全受到了直接的威胁。一方面美苏军备竞赛愈演愈烈，国际气氛紧张；另一方面，中国与周边国家之间的冲突频繁（郑有贵，2016）。在这种背景下，“三五”和“四五”计划表现出明显的“以战备为纲”的经济指导方针，国民经济被全部纳入备战体系。在战备要求下，“三线建设”被提到了重要的高度，各地方都被要求建立独立完整的国防工业体系，以便在战时能够各自为战。1970 年召开的全国计划工作会议将全国划分为十个工业独立的协作区，以适应作战要求。

显然，这种放弃资源优势和地区分工的经济建设方式从生产效率的角

---

① 少见的例外参见：Fernandez, R., & Rodrik, D., Resistance to reform: Status quo bias in the presence of individual-specific uncertainty. The American economic review, 1991, pp. 1146 – 1155; Dewatripont, M., & Roland, G., The design of reform packages under uncertainty. The American Economic Review, 1995, pp. 1207 – 1223;

Wei, S. J., Gradualism versus big bang: Speed and sustainability of reforms. Canadian Journal of Economics, 1997, pp. 1234 – 1247;

Laffont, J. J., & Qian, Y., The dynamics of reform and development in China: A political economy perspective. European Economic Review, Vol. 43, No. 4, 1999, pp. 1105 – 1114.

度来看是极其低效的，但是经济的低效并不能证明这种安排是“不合理”的。相反，由于国家安全是经济发展的根本保障，三线建设虽然牺牲了短期的经济效益，但是对经济的长期稳定发展具有更加重要的意义。例如郑有贵（2016）指出，三线建设营造了战略大后方，具有预防、遏制战争的作用，也为改革开放以来赢得长期和平发展提供了保障。

在经济转型和发展的过程中，社会成本是不可忽视的重要因素。如果政策试验失败，显然会产生社会成本。但是即使市场化进程顺利，社会成本也是不可忽视的。一个重要的原因在于，不是每个人都可以从改革过程中同等受益。在改革中利益相对甚至绝对受损的群体往往会成为社会冲突来源以及进一步改革的阻力。这种冲突一般以维护权利的形式表现，但是深层次原因往往都与未得到预期或“应得”的利益有关。此时，为了改革的继续推进，必须妥善处理相关纠纷。

从社会契约的视角看，我国的经济改革本质上是经济权利的非人格化过程（North et al.，2009），是用正式契约来代替关系型契约的过程。但是问题在于，这同时也是重建规则的过程，即按照旧规则应该由 A 获得的收益在新规则下由 B 获得——这便可能造成社会矛盾和阻力。

例如，斯科特（2007）记录了联合收割机如何引发了马来西亚农村的内部冲突。[①] 由于之前农业生产方式以人工耕种为主，农场主必须与本地农民保持良好的关系，以保证他们在干活的时候更加认真并且在农忙时候愿意来帮忙。因此，当地形成了很多传统，例如邀请同村农民来帮工一些简单的农活却支付较高的报酬。但是联合收割机出现以后，农场主可以租用联合收割机完成农活，对农民的依赖大大减少，因此也不再遵守很多对农民有利的传统。愤怒的农民通过故意破坏公路、拒绝联合收割机进村等方式进行抗议和斗争。

从经济学角度看，地主和农民之前的“契约”属于典型的关系型契约，依赖于双方长期接触和相互依赖。在市场和法律不完善的地方，这种关系契约起到了重要的补充作用。而地主与联合收割机出租人之间的关系就是典型的市场契约关系，双方在法律框架内进行交易，这种契约形式更有利于组织生产。引入联合收割机之后，虽然整体的社会生产力提高了，但是社会矛盾却更大了。在农民的眼里，根据习俗自己“有权”分享的部分收益被联合收割机出租人占有了，因此必须作出回应。而在市场规则

① 由于资料所限，本书只能以马来西亚为例介绍经济发展过程中的社会摩擦成因。

中，农场主与出租人之间的交易与农民并无关系，因此并不认可农民“利益受损”的说法。双方各执一词，矛盾很难自然消解，因而也阻碍了新技术的采用和市场机制的建立。

作为经济学者，我并没有能力回答此时究竟谁应该有权做什么，但是这一事例清楚地解释了经济关系上的变化极易于引发身份（identity）和群体之间的对立（Landa，2016），而这种对立无益于市场秩序的建立和经济的发展。此时，政府无论是要利用强制力推行新规则还是弥补旧规则下的利益受损方，都必须付出额外的成本。不过，改革的目的就是用市场规则规范经济行为以促进新技术，因此从这个角度看，社会成本的出现具有必然性。新古典分析中往往忽视了这一点，因而无法正确认识许多政策选择的背后动机。在我国的改革过程中，特别是国有企业的改革过程中，化解社会冲突是决策者不可忽视的改革成本。我们在后面详细讨论此问题。

第三节 从国家能力到国家经济能力

结合理论分析和中国的改革历程，我们将经济转型和发展过程中政府的作用总结为在不确定条件下实现战略协调过程和承担社会成本。因而，经济转型和发展能否成功，也取决于政府这两方面的能力大小。基于此，我们将借鉴“国家能力”的概念提出“国家经济能力”的概念。

一、国家能力的概念

国家能力是一个来自政治学的概念。一般而言，“国家能力”中的“国家”指中央政府（Migdal，1988；王绍光、胡鞍钢，1993），但是对于国家能力的具体内涵而言，不同学者强调不同的方面。从国家自主性的角度出发，部分学者强调国家是一个独立的社会参与人，因此拥有非从属性的目标（Skocpol，1985；王绍光、胡鞍钢，1993；王仲伟，2014；等等）。换句话说，国家并非是天然地被力量集团捕获，成为其代言人，而是具有自身目标的独立行动个体。这种国家自主性的视角实际上采取了以国家为本位、以行政管理为中心、采取自上而下视角的国家能力观，强调了国家作为一个行为主体，相对于一般社会集团的独立性，进而国家能力也自然是其目标实现能力的体现。

另一部分学者在上述“国家中心论”基础上，进一步强调社会与国家的互动。曼（Mann，1986）特别区分了两种国家权力：国家专制权力和国家基础权力。前者指的是国家精英超越市民社会集团的约束和限制，直接采取行动的权力；后者指的是国家渗透到社会中，在其统治疆域内执行决定的能力，即通过社会获得的权力①。国家能力的概念更接近国家基础权力的概念（张长东，2014）。此外，曼的这种区分也意味着国家能力（国家基础权力）与直接的国家控制范围和强度（国家专制权力）并不等同。米格代尔（Migdal，1988）在国家和社会关系的视角下，提出国家能力体现在国家通过计划、政策和行动实现“影响社会组织、规范社会关系、集中国家资源并有效地加以分配或使用的能力”。需要注意的是，米格代尔认为国家和社会之间是一种零和博弈，即国家能力的强大意味着社会的弱小。与之相反，埃文斯（Evans，1995）则关注国家和社会在互动中“双赢”的可能，进一步提出了“嵌入自主性”的概念，刻画了国家和社会的一部分（如商业集团）建立紧密的联系，进行协同合作并且双双获益。维斯（Weiss，1998）发展了埃文斯的理论并强调国家和社会之间的协调和合作能力才是国家能力的关键。具体来说，维斯认为在国内产业关系中，国家和产业部门的合作基于国家的转型规划，二者在实现共同的发展目标过程中互惠互利。

学者们在围绕国家能力的讨论过程中展示出了许多分歧，但是仍然可以清晰地发现不同观点背后体现出的类似关注点。首先，国家或政府相对于其他社会成员而言具有自主性，可以提出超越社会集团、阶级或团体的需求或利益的目标。其次，国家需要具备相应的能力以直接或间接地实现此目标。

那么一个自然的追问便是，国家的目标是什么以及国家能力体现在什么方面？黄清吉（2007）认为国家的能力包括对社会的统治与管理能力和应对他国竞争与挑战的能力两个方面。具体说来，对内统治和管理的核心在于维护社会生产方式的正常进行，要求国家对生产过程中的冲突和混乱进行管理。同时，在国际体系维度，国家之间处于“无政府”竞争的状态，因此国家在对内实施统治和管理的同时，还需应对来自国际的竞争和挑战。从本质上，国家的目标是将其具有比较优势的资源转化为具有比较优势的现实力量。张长东（2014）进一步指出，现代国家的一个重要能力

① 部分学者认为曼的观点也应被划分为国家中心论范围中（李剑，2014）。本章的划分标准仅为是否关注国家与社会在互动的过程中获得社会力量的可能。

是管理宏观经济，而发展型国家的能力也包括制定产业政策、推动经济发展的能力。

米格代尔（1988）将国家能力分为提取、渗透、规制和分配四个方面。提取能力主要指国家的征税征兵能力；渗透能力指国家机构及其代理人对社会进行覆盖的能力；规制能力指国家制定规则并使社会成员服从规则的能力；分配能力指国家按其意愿配置和运用资源的能力。类似地，王绍光和胡鞍钢（1993）将国家能力分为汲取财政能力、宏观调控能力、合法化能力以及强制能力。王绍光（2014）进一步提出“基础性国家能力”的概念，并将其分为强制能力、汲取能力、濡化能力、国家认证能力、规管能力、统领能力、再分配能力以及吸纳和整合能力八项。

二、国家能力的影响因素

回顾国家能力概念的发展变化过程，其“互动”的特点不断被学者们强调。因此，国家能力与其说是一种内涵清晰的强制力，不如说是一系列能力以相互适应的方式结合在一起的结果。国家能力的高低取决于这些能力背后决定机制之间相互协调的程度。将国家能力定义为机制之间的协调程度是一个深刻的洞见，也是对一元决定论的线性评价标准的抛弃，准确地描述了国家能力并非是单维度能力的多方面体现，而是多方面能力有机配合之后的综合体现。

在实现协调的过程中，以下两组协调尤其重要：官僚体系与国家目标的协调程度，国家体制、生产方式和文化之间的协调。前者刻画了国家对政府机构内部的管理能力，后者刻画了国家与社会和生产之间的协调结合能力。

目标实现能力无疑是国家能力的核心表现，而公职人员是政府统治和管理社会的桥梁，因此，官僚体系（bureaucracy）与治理目标的匹配程度自然是国家能力的重要决定因素。官僚体系和国家治理目标的协调程度表现在两个方面。一方面，官员必须足够强大以保证其有能力推行国家目标，不被其他利益集团轻易捕获；另一方面，国家对于官员的监督和约束也必须同样有力，防止官员滥用“掠夺之手”。结合契约理论的观点，官僚体系效率的高低的一个重要决定因素是国家对官员的控制能力，具体表现在官员的回报结构（compensation structure）和相应的激励（Bardhan，2016）。

诺斯（1999）提出对经济变迁和增长的研究必须关注三个因素之间的互动：基本经济规律（basic economic determinants）、制度框架（institutional framework）和社会文化遗产（cultural heritage of society）。在资源稀缺性的条件下，社会中各种组织展开激励竞争，制度框架决定了竞争的规则以及各个组织所面临的具体激励约束；社会文化遗产决定了参与人的信念系统（belief system），进而决定了其判断；经济基本规律决定了不同组织/参与人行为的结果。经济的变迁是以下三个步骤循环往复的结果：一是在初始制度框架下，参与人根据各自信念系统形成判断和行为，并付诸实践；二是基本经济规律决定了参与人的互动结果，每个参与人获得关于基本经济规律的观测并更新自己的信念系统；三是信念系统的更新进一步促使参与人重新审视当前制度框架以及对其进行修改。诺斯强调，此动力系统解释了经济变迁但并不一定所有的变迁都可以带来增长。增长的出现一般是信念系统与现实经济规律相近，并且维持了合适的制度框架的结果。

在诺斯的动力系统中，国家也可以被视为一个组织和参与人，而其特殊性便在于可以直接建立和修改正式制度框架①。进而国家能力便由政府所建立的制度与信念系统（文化）和显示经济规律（生产方式）的适应程度所决定。遵从同样的逻辑，黄清吉（2007）更明确地提出，国家能力包括对内治理能力和对外竞争能力两个方面，而此能力的获得要求国家体制、生产方式和文化传统之间形成相互支持的互动结构。

三、国家经济能力

通过以上论述可以发现，虽然对于国家能力的讨论涉及国家发展的根本性问题，但是此概念仍然较为抽象而边界模糊（黄宝玖，2004）。造成国家能力概念内涵模糊的原因在于国家发展和政府治理问题本身就是一个极其复杂的问题，不同学者对国家能力的定义仅能从一个有限的角度对其进行刻画。因此，为了将研究聚焦，在本节我们将关注范围限制为国家在经济方面的能力，即国家经济能力。作出这种限制的原因一方面在于可以使概念的内涵更加明晰化，另一方面中国政府在1978年以后实际上的工作重心便是经济建设，因此对于中国政府而言，国家经济能力是国家能力的重要组成部分。

① 诺斯也强调非正式制度的重要性，因此不应认为国家可以修改全部的制度框架。

借鉴学者对国家能力内涵的界定（胡明，2010），我们首先提出两个基本假设。假设1：国家（或政府）具有自主性，可以主动地追求超越任何利益集团的目标；假设2：在保持稳定的前提下，国家（或政府）总是偏好经济的发展。

对于假设1而言，中国的改革过程体现出了明显的政府主导的特点。显然，在中国背景下，将政府作为一个独立的经济参与者而非任何利益集团的附庸是具有合理性的。实际上，假设1不但意味着政府有独立的目标，还意味着政府有或大或小的实现目标的能力，而国家作为一个抽象存在，其能力的实现必然依赖于行政体制和制度形式。这便是本书分析范式与新古典范式不同的地方。在新古典分析具有"制度真空"的特点，使得组织问题被"黑箱化"，无法真正讨论国家能力的问题，而本书希望通过国家经济能力的概念，将国家及其代理人（即国企）对经济的影响引入分析，从而更好地理解中国经济的逻辑。

对于假设2而言，自从20世纪70年代末以来，中国政府的工作重心逐渐转向了经济建设。从官方政策导向来看，在1980年中央召集的干部会议上，邓小平正式提出要把经济建设当作中心。此外，"以经济建设为中心"和四项基本原则共同组成了中国共产党在社会主义初级阶段基本路线的核心内容。习近平总书记也在诸多场合不断强调"坚持以经济建设为中心不能改变"①。从改革实际效果来看，经济建设也毋庸置疑是改革开放以来政府的工作重点，这一点无论是从GDP还是从贫困人口的消减方面都可以显而易见地发现，因此不再赘述。不过仍需指出的是，经济发展的大前提是宏观经济和社会的稳定。从实践上看，邓小平提出了"稳定压倒一切"的观点，而近期许多学者也越来越强调在经济发展过程中社会稳定的作用（曹正汉，2014；周雪光，2014；周黎安，2014，2016；等等）。对社会稳定的维持将政府的经济职能与社会职能相联系，要求政府必须有能力应对来自非经济层面的挑战，进而也直接拓展了本书的研究视野。

假设1和假设2定义了中国政府的经济目标。因此，类比国家能力的概念，我们将国家经济能力定义为国家克服经济发展困难，在保持稳定的基础上实现经济增长的能力。那么为了探究国家经济能力的具体表现，我们需要讨论中国发展所遇到的制约因素和困难是什么。

结合中国的改革历程，我们将经济发展的制约因素总结为以下三种：

① 万鹏等：《习近平谈"兴国之要"：发展是解决所有问题的关键》，人民网—中国共产党新闻网，2017年6月15日，http://cpc.people.com.cn/xuexi/n1/2017/0615/c385474-29340955.html。

第一，有效制度的不确定性；第二，伴随改革出现的社会成本；第三，市场的协调失败。

首先，由于各国的实际情况不同，不同的经济制度也会产生不同的效果，因此经济发展的一个前提条件便是找到适合本国的经济制度，而最有效的途径往往是试错。罗德里克（2009）强调在改革过程中不应忽视可行制度的多样性而盲目采取“理论最优”的制度，尤其是在存在大量次优和扭曲的发展中国家，真正行之有效的制度反而是理论上具有缺陷的，但是由于其可以有效克服制约经济发展最核心的问题，其效果反而好于“理论最优”的制度。一个典型的例子便是国企的承包经营责任制和价格双轨制。这两种制度安排分别可能导致生产短视化和价格套利的后果，但是却很好地解决了生产激励不足和稳定过渡的问题。这种过渡性的制度创新绝大部分是由下而上的探索得来，而且需要一定程度的政策试验①。

其次，由于中国的改革本质上是从计划经济体制向市场经济的转型，而这两种经济体制的区别不仅仅在于经济制度方面，更在于政府和企业的社会职能方面，因此改革的过程必然涉及社会职能的转变和社会成本的承担。例如，在国企改革过程中非常重要的“破三铁”“抓大放小”和剥离社会责任改革，其成败直接取决于能否妥善处理改革过程中的社会成本。对企业而言，这几项改革几乎必然提升经营绩效，但是由于涉及相关人员福利待遇下降甚至下岗失业的问题，极其容易引发社会问题，产生冲突。此外，由于改革具有试错的特点，一些失败的试验有可能导致剧烈的社会波动，产生额外的社会成本。例如，20 世纪 80 年代末的“价格闯关”便导致了严重的通货膨胀甚至社会动荡。改革的继续推进和经济的稳定发展自然地要求政府有能力承担这部分改革成本②。

最后，市场机制也并不是万能的，在发展过程中不可避免地会遇到市场协调失败而导致的经济产业结构落后、创新不足等问题。新古典理论分析框架是对现实经济的理想化抽象，在现实中市场机制并不是完美的。发展中国家经常遇到的问题便是产业结构落后以及新技术无法依靠市场的力量而被企业自发地采用。此时，政府需要通过国家经济战略的方式对经济进行干预和调控，克服市场的协调失败。下面将对这个问题做进一步的讨论。

---

① 对改革期间政策试验的一个总结可以参见黄速建：《国有企业改革和发展：制度安排和现实选择》，经济管理出版社 2014 年版，第一章。

② 更详细的讨论可见第四章。

由于不确定性一定程度上是客观决定的，因此本书提出的国家经济能力的概念重点关注后两个方面：社会成本承担能力和战略协调能力。社会成本承担能力指国家承担社会职能，以解决改革和发展过程中出现的社会问题的能力。需要指出的是，对社会成本的承担并非总是以政府直接补偿的形式出现，但最终均可以用财力所衡量。例如在国企改革过程中，为了避免大量裁员所造成的社会不稳定，对于冗余雇员的处置便采用了包括暂不解雇、转换单位以及依托再就业中心等多种手段进行，但无论哪种方式均具有显性或隐性的成本，并且由政府（以及银行和国企）承担。战略协调能力指政府为实现国家经济战略目标将资源，特别是生产资源通过直接或间接的方式投入到特定领域，以克服市场协调失败的能力。在市场机制下，大部分的资源分配职能都由市场来完成，但是由于市场机制不可避免地会出现协调失败，政府仍需要掌握一部分资源的直接配置权，并且政府需要直接配置的范围与市场失灵的范围直接相关。战略协调能力越高，政府越可以以低成本的手段克服市场的协调失败。

图 3－1 总结了国家经济能力概念与转型发展之间的逻辑关系。改革的推进和经济的稳定发展需要政府在政策试验过程中克服各方面的改革阻力、突破由于市场制度不完善造成的发展瓶颈，而这又要求政府具有相应的社会成本承担和战略协调能力——这两种能力便组成了国家经济能力的内涵。

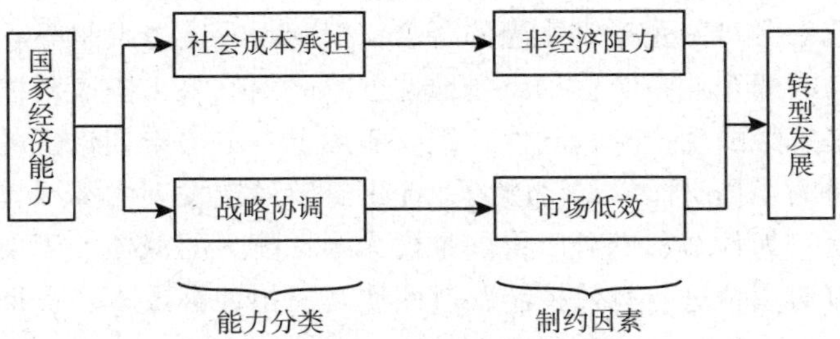

图 3－1　国家经济能力和稳定发展的关系

为了看出“国家经济能力”概念如何拓展了新古典的分析框架，我们指出新古典理论的何种假设导致了对上述发展制约和国家经济能力的忽视。首先，一般均衡理论采取的是“制度真空”（institutional vacuum）的分析框架（Bardhan，2016；Johnson and Koyama，2016），其中隐含地假设了私有产权、法制和相关的支持性制度都已然存在，因此不存在对政府制度建立职能的要求，更不用说其中涉及的风险和试错过程。其次，在新古典一般均衡框架中，任何经济调整过程都被假设可以无成本、瞬时完成，不存在劳动力市场和产品市场的摩擦，更不存在社会混乱的可能，因此也忽视了对社会成本的讨论。最后，在一般均衡理论中，市场机制可以实现自发的（帕累托）效率，不存在协调失灵的问题，因此无须政府的额外干预，进而国家战略也没有存在的必要。本书的目标即在于将这些现实因素重新引入分析，帮助理解发展过程中政府和国企的作用。

第四节　国有企业与国家经济能力

在以上两节分别介绍了一般意义上的国家能力的概念以及国家经济能力与经济增长的关系。本节希望说明，与其他国家不同，中国的国有企业也是政府实现国家经济能力的重要载体。

在中国，国有企业是指国有及国有控股的企业。与一般企业相同的是，国企的交易都在市场框架内进行。例如原材料和产品的买卖、劳动力的雇佣和解雇，这些活动大都遵从市场原则。但是国企与一般企业具有重要区别。首先，国企的经营和生产目标不仅是利润最大化，而是在很大程度上受到国家战略和宏观调控的影响。这也意味着，国企需要承担许多并不盈利但是符合国家意志的任务。此外，国企往往也享受特殊的市场地位，例如政府会对国企提供优惠的资金支持和行业竞争限制等。

国企与一般企业在经营和市场地位上的区别反映出国家对国企的功能定位并非是单纯的生产和营利性组织。实际上，本书希望论证的就是政府控制国企是为了提升国家经济能力，促进经济稳定发展。那么首先需要回答的问题是，为什么我们可以将国企视为国家能力的载体？简要回答：因为国家可以对国企进行有效控制，进而使其承担社会成本、贯彻国家经济战略。

首先，政府可以对国企实施有效的控制。政府对国企的控制是其通过国企发挥国家经济能力的根本保证。一方面，国有企业的领导人均是党的干部，其人事任免和考核权均由财政部、国资委和地方国资委直接把控；另一方面，国企内部的治理结构也保证了党委对重大决策的影响能力，使得国有企业的目标与政府目标相一致。第四章对国有企业的人事制度和治理结构进行了更详细的讨论。

其次，政府通过国有企业在改革期间承担多种社会成本。国有企业对社会成本的承担主要体现在两个方面：一方面，国有企业对上缴利税贡献巨大，使政府有更大的财政能力解决社会问题；另一方面，国有企业通过直接吸纳冗余劳动力、提供社会服务等方式直接解决相应的社会问题。第五章从产业结构的视角出发，讨论了国有企业如何通过承担改革成本使改革目标更有效地达成。

最后，国企通过贯彻国家的经济方针、路线，成为国家对调整产业结构和鼓励新技术投资的直接手段。市场对资源的配置并非总是有效率的，尤其在转型国家和发展中国家中，市场容易出现协调失败的情况。此时，政府对于经济的干预从长期而言对于经济增长是有益的，而国有企业可以作为政府干预经济的最直接手段。例如，张春晓（2014）指出中央企业对关系国家安全和国民经济命脉的重要行业和关键领域具有很强控制力，是其承担宏观调控责任的有力保障。此外，国企在执行国家规划方面也具有直接责任。例如，2015 年 9 月发布的《中共中央、国务院关于深化国有企业改革的指导意见》中要求国有资本“紧紧围绕服务国家战略，落实国家产业政策和重点产业布局调整总体要求，优化国有资本重点投资方向和领域，推动国有资本向关系国家安全、国民经济命脉和国计民生的重要行业和关键领域、重点基础设施集中，向前瞻性战略性产业集中，向具有核心竞争力的优势企业集中”，还要求“发挥国有企业在实施创新驱动发展战略和制造强国战略中的骨干和表率作用，强化企业在技术创新中的主体地位”。第六章和第七章详细讨论了国有企业如何帮助经济实现产业升级，以及为什么在促进新技术投资时通过国有企业的直接干预方式比通过补贴的方式更加有效。

从国家经济能力的视角便可以看出，不应将国有企业与一般企业等同。由于经济增长问题的复杂性，一般均衡理论所断言的私人收益与社会受益的一致性往往并不能得到保证，因此需要政府对市场机制进行支持和补充。政府对国有企业的控制也是为了提升社会成本承担能力和战略协调能力，而非进行利润最大化。因此，与一般企业不同，国有企业应该被视为政府治理手段的一部分，其目标为提升国家经济能力。

第五节　小　结

经济增长并不是一个单纯的生产效率提升的问题，对经济增长的推动不但需要市场机制为生产者提供足够的激励以及平衡供需，还需要政府凭借自身的国家经济能力建立支持性制度维持有效的竞争秩序并提供有利的国内外发展环境。本章通过提出国家经济能力的概念对政府的相关职能进行总结，并进一步将国家经济能力分为社会成本承担能力和战略协调能力两个方面，希望从不同角度对政府以及国企在改革和发展过程中起到的作用进行研究。

对中国经济改革过程略加回顾即可清楚地发现，私有经济的壮大和市场机制的建立并不是经济增长的全部原因，因为有效的竞争秩序并不是随着相关制度形式的确立而自然出现的，而是在市场和政府相互配合之下对多方面增长制约因素成功解决的结果。从计划经济向社会主义市场经济转型的过程本质上是政府向市场放权的过程，如何有效地放权是改革成功以及经济增长的最核心问题。中国的改革采取了一条渐进、试错型的放权路径，其成功的关键在于政府有能力激励地方进行政策试验并承担改革所带来的各种社会成本。这一点的实现需要强大的社会成本承担能力作为支持。此外，在经济发展和转型过程中，市场机制可能会导致协调失败的情况出现，这也要求政府直接介入引导生产和投资以克服协调失败，保证经济持续健康增长，不断提升国内经济水平和自身的国际竞争力。

最后，在国家经济能力的分析框架下，本章也初步讨论了国有企业的目标和定位问题。区别于追求利润最大化的一般企业，国企受到政府的直接控制，而且其目标在于提升国家的社会成本承担能力和战略协调能力。这也意味着，国有企业自身的利润并不能准确地反映其经济作用，必须结合经济发展的实际制约因素和相应的国家战略有效性才能完整地理解国有企业的作用。

第四章

国有企业的政治经济联系

第一节 引　言

在上一章我们初步地提出了国有企业不是以利润最大化为目标的一般企业，而是国家治理的一种手段，决定了国家经济能力。本章将对此观点进行解释和论证。具体说来，本章将讨论如下两个问题：一是国有企业为什么可以被视为国家经济能力的组成部分？二是政府对于国企的控制能力从何体现？

一般而言，上级政府的代理人是下级政府，而上下级之间的委托代理关系是借助行政系统形成的。对于上述两个问题的回答实际上涉及国有企业与行政体系之间的关系。具体说来，国有企业的定位决定了政府对其控制的必要性，而如何将国企纳入行政体系中决定了政府的控制力。

政府对国企的控制能力是国企发挥其他能力的根本，如果政府无法有效地控制国企，那么对国企的任何功能设想都只能是纸上谈兵。本章首先梳理了改革的历程，说明了在计划经济时期国企直接表现为政府机构的附庸，而且改革开放以来的国企改革也一直是依赖于行政力量进行推动。这意味着国企与政府之间一直存在着紧密的联系。其次，通过对改革过程的分析可以发现，改革的目标是促进国企与市场的融合，以政府主导的方式不断解决融合过程中出现的问题。国企改革并非是为了“消灭”国有企业，而是为了明确企业的定位，使国企在市场机制下发挥承担改革成本和提升资源配置效率的作用。

本章结构安排如下。第二节对国企建立和改革的发展过程进行了回顾，强调了国企与政府之前天然的和历史的联系。第三节讨论了政府为什么要控制国企以及国企的定位和性质。第四节讨论了政府对国企控制的具体原则和制度基础，并从理论角度讨论了这种委托代理关系的效率。

第二节　国企的建立与改革

国有企业的出现与计划经济体制和重工业优先战略有关。根据诺顿（2010）的总结，中华人民共和国成立初期经济的基本特征为：

- 政府拥有所有大型工厂、运输企业和通信企业。在农村，农村集体农场接管了土地所有权和农业经济的管理权。
- 计划者统一分配资源和物资，制定企业生产目标。金融的功能主要为查账和监管。
- 价格体系被人为控制，向重工业产业倾斜。
- 党和政府通过控制层级人事制度控制管理层，进而强化对经济的控制。

在“文化大革命”之后，计划经济体制的弊端逐渐显现出来。一方面，随着经济发展的不断进行，生产计划越来越与需求脱节，生产效率低下，经济短缺问题严重；另一方面，新一轮“洋跃进”再次宣告失败。以邓小平为核心的领导集体意识到只有将国有企业从计划经济的束缚中解放出来，才能真正扭转经济形势。

需要注意的是，此时改革的核心问题不是是否应该转型的问题，而是如何进行转型的问题。当时庞大的工业体系不仅包括数十万计的企业和8000万名职工，更是按照计划经济原则进行部署和建造的，每个企业不但承担生产任务，也承担了很多社会功能，甚至被称为“小社会”（邵宁，2014）。在这种经济背景下，经济转型方式的选择不仅需要考虑转型后的经济效率，也应考虑转型过程中的社会承受能力。全盘私有化、迅速建立市场机制的方式从表面上看可以提升经济效率，但是更面临着巨大的经济风险。因此，中国采取了政府主导的渐进试错式改革。

一、国企的建立与重工业优先战略

国有企业的出现以及相应生产、用工方式的选择除了意识形态的原因以外，与中华人民共和国成立初期重工业优先的工业化战略有很大关系。

当时，党和国家领导人在考虑工业化发展道路时有三种先例可循（朱佳木，2004）：第一，欧美路线。对内剥削农民，对外掠夺殖民地半殖民地，从轻工业入手，逐渐转向重工业发展。第二，日德路线。利用国家力量对外发动战争，对内实施高税收，优先发展重工业。第三，苏联路线。利用国内工业基础，以国家计划的方式优先发展重工业。而中国打算走第四条道路——新民主主义道路。通过没收官僚资本和自力更生，在国有经济的主导下，通过私人资本主义工业（主要是轻工业）发展带动，逐渐转向重工业发展。例如，刘少奇在1950年的一份手稿中就提出了“恢复经济—农业和轻工业—重工业”的发展顺序①，并且在《春耦斋讲话》中再次解释了此顺序的必要性。然而，在1951年底计划发生了改变。在编制第一个五年计划过程中，决策层对前一时期的轻工业优先战略进行了重新思考，提出了重工业优先的新战略。这一转变与当时的历史政治环境以及苏联对“一五”计划的援助有很大关系。

轻工业优先的发展战略是符合市场规律的，因为在当时的条件下，“轻工业可以赚钱，也容易办些，又不用很多的资本”。重工业优先的战略虽然投入大，盈利能力低，但是具有带动效应，尤其是在苏联的帮助下，可以加快中国工业化的发展速度。

重工业优先的发展战略在当时是不符合利润最大化的经济要求的，因此不能依靠市场机制自发地配置资源并且对经营者进行激励。例如，从每百元资金所实现的利税水平来看，1957年轻工业是重工业的2.7倍，1980年高达3.1倍（李悦，1988）。如果将资源配置任务完全交给市场，那么资源必然会向轻工业涌入，与重工业优先的战略意图相悖。中国为了推行重工业优先的发展战略，国家施行了包括“三大改造”、户籍制度和“剪刀差”在内的一系列经济措施以缓解市场力量与国家战略的冲突。

对于国企而言，由于生产目标与利润最大化目标偏离，政府必须建立非市场的激励机制以保证企业管理者对国家战略的实施。最直接的方式便是收回企业的重要决策权，以计划指令方式下达生产任务，借助行政体系内部的激励力量推行国家战略。这种方式便催生了两类现象。

第一，生产过程严格控制。林毅夫等（1997）观察到企业的生产决策、财务、用工和销售各个方面的决策权都被严格限制。在生产方面，国家通过详细的技术经济指标和经营实绩指标对企业进行全面控制，使企业

① 刘少奇：《国家的工业化和人民生活水平的提高》，人民出版社1985年版。

无权根据市场需求调整生产，保证国家战略不被市场力量干扰。在财务方面，为了避免受到政策倾斜而盈利的企业留藏利润，以及因政策原因而亏损的企业无法维持经营，国家对企业实施了统收统支的财务管理制度，并且配以严格的成本管理。在用工方面，为了防止大面积失业以及企业通过操控用工情况扭曲成本，劳动用工权统一掌握在专门的主管部门手里，并配以统一的工资、定级和升级标准。在销售方面，为了防止企业在产品销售时通过制定不同的价格和销售计划以偏离国家战略，国家规定企业无权处置经过验收后进入国家仓库的产品。

第二，国企领导具有“准官员”的性质。对国企自主决策权的剥夺反映的是国家对国企运作的目标和定位，但是如何保证这种替代市场的目标可以在具体的经营层面得到实施有赖于对相关负责人的激励设置。在国有企业中，行政体系便成为解决激励问题的重要手段，使国企领导人具有相应的行政级别。另外，在企业内加强党的领导，直接建立党委会参与公司治理。在1954年，国营企业曾实行生产、行政管理的厂长负责制，也称“一长制”。但是“一长制”在1956年便被正式否决，改为“党委领导下的厂长负责制”。通过与国家行政体系的紧密联系，保证了国家的计划可以通过行政命令的手段得到贯彻。

二、国企改革的演进路径

国企改革是一条被“倒逼”出来的路。每一次改革均是为了解决发展过程中出现的具体问题而被推动的。概括起来，对于三个困难的克服组成了国企改革的主线，这三个问题分别是：生产效率不足（改革初期至20世纪90年代中期）、国内竞争力不足（90年代中期至21世纪初期）和国际竞争力不足（21世纪初期至今）①。

在改革开放之初到90年代中期，对于国有企业改革的主要目标是在所有制不变、结构不变和员工身份不变的前提下提升企业的生产效率。这

① 林毅夫等（1994）提出的另一种改革措施区分的三阶段为：1978～1986年，以放权让利为基础，实现经营层面改革；1987～1992年，分离所有权和经营权，改革产权制度；1992年至今，抓大放小，以建立现代企业制度为核心。另外，本章仅简略介绍了各个时期的改革措施，更详细的介绍可以参见林毅夫等：《中国的奇迹：发展战略与经济改革》，上海人民出版社1994年版；姚洋：《作为制度创新过程的经济改革》，格致出版社、上海人民出版社2008年版；邵宁等：《国有企业改革实录》，经济科学出版社2014年版；Ataçay，M. N.，The Transformation of the Chinese State and Its Role in the Economy during the Reform Period：The Sustaining State Ownership（Doctoral Dissertation，Middle East Technical University），2014.

一时期的大的背景是中国逐渐从计划经济造成的短缺中走出，经济的大环境体现为生产低效带来的供给不足，来自需求方面的制约和来自其他所有制企业的竞争压力仍然不明显。因此只要可以提升生产效率便可以显著提升国企的绩效。

在此期间采取的重要改革措施是企业承包经营责任制。企业承包经营责任制改革的特点常被总结为“两权分离”，即经营权和所有权分离，是一种比之前实施的放权让利、经济责任制更加彻底和规范的放权形式。通过合同的方式，企业经营者和所有者代表（政府）将一段时期内的上缴利税基数和上涨幅度确定，剩余部分可以由企业在一定范围内自行配置。实施承包经营责任制较为成功的一个例子便是首钢。在 1981 ~ 1986 年期间，首钢累积上交国家的利税几乎相当于改革之前 30 年的总和，新增固定资产是承包之前首钢净资产的 3. 36 倍，相当于为国家又贡献了 3 个首钢①。

承包制对于国企在 20 世纪 80 年代 ~ 90 年代初期提升生产能力产生了积极的影响，在全面推行之后两个月就扭转了全国工业企业实现利润连续 22 个月下滑的局面。但是这种浅层次的改革也具有很明显的缺点，例如在实施过程中实际上包盈不包亏，而且还造成正常生产关联被削弱、“鞭打快牛”等后果。尤其是在私有、外资以及乡镇企业快速发展的背景下，经济短缺的现象逐渐消失，国有企业在市场竞争中遇到了巨大困难。

在 90 年代中期，尤其是 1997 年前后，国企在与国内其他所有制企业竞争中处于劣势，并导致了大面积亏损，迫使中央作出了“三年脱困”的战略安排。造成亏损的原因有很多，除了上述承包制本身的局限性之外，还存在两方面原因：第一，亚洲金融危机对整体经济形势的冲击；第二，国企承担了大量社会负担。如果说前者是市场经济下难以避免的经济波动的话，后者显然是由于国企自身体制原因所造成的，如果不改革将会变为长期困扰。

国企的社会负担主要可以分为两个部分：人员负担和公益事业负担（金碚，1997）。首先，国企内存在大量的冗员和退休人员，造成了大量非生产性支出。其次，在计划体制下国企具有“办社会”的职能，下属大量学校、医院甚至公检法系统。然而，人员和社会职能方面的改革风险极大，而且牵扯到多方面机构的对接和制度的保障。

为了解决国企竞争力不足的问题，这一时期的改革以“抓大放小”为

---

① 邵宁等：《国有企业改革实录》，经济科学出版社 2014 年版。

指导方针，以建立现代企业制度为目标，采取了一系列大破大立措施。“破”的方面而言，据邵宁（2014）统计，在1998～2002年期间；上百万家国有、集体中小企业改制退出了公有制序列，5000多户国有大中型企业通过政策性破产退出市场；2700万名工人下岗分流；仅中央企业就分离社会职能机构3593个，移交职工22万多人。“立”的方面而言，截至2001年底，全国4371家重点企业（绝大部分为国有企业）中已有3322家实施了公司制改造①；《中华人民共和国企业破产法》的出台也标志着政策性破产逐渐转变为依法破产；2003年国务院国有资产监督管理委员会的建立标志着国有出资人制度和国有资产监督体制建立。需要注意的是，关于建立现代企业制度的改革并不是将西方或理论上的企业制度简单移植到国有企业中，而是将旧体制与新体制相互融合。例如，逐渐实行了党委和决策层之间的双向进入和交叉任职，理顺了党的领导与现代企业制度之间的关系（见第四节的讨论）。

在这一阶段的改革中，国有企业的治理结构得到了极大完善，非生产性负担大大减小，布局趋向合理，逐渐获得了市场竞争力。不过随着中国加入世界贸易组织（WTO），参与国际分工、迎接国际竞争，是国企乃至所有中国企业都必须面临的一个挑战。

因此在2000年后，另一个明显的政策导向是加强重要领域的国有控制。国资委建立的一个重要原因便是增强国家对石油、煤炭、冶金、钢铁、电力、通信、运输和军工行业的控制（Atacay，2013）。这些行业不但对国内经济具有巨大影响力，也是提升中国经济国际竞争力的重要基础。因此，虽然从经济份额的角度看，国有企业在经济中的比重变小，但是从结构的角度来看，其经济影响力却并未被显著减弱。或者说，政府的政策目标可以被理解为放弃中小型绩效较差的国企的同时加强大型绩效较好的国企，从而获得国际竞争优势。

国资委明确提出国有资本对军工、电网电力、石油石化、电信、煤炭、民航、航运七大行业保持绝对控制力，对装备制造、汽车、电子信息、建筑、钢铁、有色金属、化工、勘察设计、科技九大行业保持较强控制力。经过近四十年的国企改革，例如航空航天、能源、钢铁等上游产业和铁路、金融等重要领域仍然由国企尤其是央企控制，而且在很多领域具有相当的垄断地位。与抓大放小中的抓大相对应，大型国企以及关系国计

---

① 黄速建：《国有企业改革和发展：制度安排和现实选择》，经济管理出版社2014年版。

民生的重点领域的国企并没有被私有化，相关领域的进入也受到了严格把控。

在此期间，国企的利润和资产规模都开始增长，以至于国企的总体绩效甚至一度超过了私企的总体绩效。根据国家统计局工交司课题组（2007）的研究，国有控股工业对工业税收增长的贡献率最高。2005 年，国有及国有控股工业占工业利润总额的 44%，占工业上缴税金总额的 54%，1999～2005 年对工业税收增长的贡献率高达 44.2%；港澳台及外商投资工业占工业利润的 28%，占上缴税金总额的 18.6%，对工业税收增长的贡献率为 20.2%；私营工业占工业利润的 14.3%，占上缴税金总额的 14.7%，对工业税收增长的贡献率为 22.1%。

党的十八届三中全会提出了“推进国家治理体系和治理能力现代化”的改革总目标，相应的国企改革也从“管资产”向“管资本”转型，优化布局，实施分类改革。在这一阶段，国企的发展目标是做大做强，改革措施需要“有利于国有资本保值增值，有利于提高国有经济竞争力，有利于放大国有资本功能”。一方面，要调整产业结构、促进创新、优化国有企业布局，国有资本投资运营要服务于国家战略目标；另一方面，通过分类改革和考核，明确不同定位企业的经营目标，增强党和政府对国企负责人的有效管理。

简要总结，对国企改革路径的回顾可以发现，改革具有明显的问题导向，是以“问题出现—解决”为主线不断演进的。此外，改革过程主要是由政府通过行政力量主导，从中小企业和下游企业入手，大量采取了“试点—推广”的方式。国企绩效的改善并不是行政干预退出的自然结果，而需要政府借助行政力量建立的企业治理结构以及改制辅助制度，以保证行政干预减少的同时，实现企业经营者的权责相互匹配。

第三节 国企的定位与政府控制国企的必要性

政府是否需要控制国有企业不仅由政治体制决定，更由政府控制是否会提升/损害经济效率而决定。许多学者就政府控制与经济效率之间的关系展开了激烈的观点交锋。总的来说，学者们的观点可以分为相互对立的两类，究其根源在于对市场机制的作用和国企的定位理解不同。

第一类观点是前面提到的国企低效论，持此观点的学者认为，市场机制基本上是有效的，表现为个体的经济效率基本与社会总收益相一致，因此追求利润最大化的企业不但可以间接提升社会总收益，而且还为企业管理者提供有效的激励，是更为有效的企业制度。换句话说，国企的性质与定位与一般企业相同，其社会效率均可以用利润来衡量。又由于理论上和现实中部分国企表现出低于私企的盈利能力，因此总结为国有企业生产效率低下，对其任何形式的补贴和政策保护都会造成经济发展不可持续（Li et al.，2015）或“双重效率损失”（刘瑞明、石磊，2010；刘瑞明，2011）。

第二类观点认为，在我国市场机制发展并不完善，存在大量私人收益与社会收益不相符的情况。在这种现实背景下，政府具有维持有效市场秩序的责任，而国企作为政府参与市场的最直接手段是一种“特殊的企业”，其部分目标便在于补充和支持市场机制的有效运转，而非单纯的利润最大化（金碚，1999a，1999b，1999c，2001；纪宝成，2004；李军林等，2011）。这种观点一般强调国企具有多目标的特点，并且经济与非经济目标并非总是能够清晰区分的（黄速建，2014）。具体说来，国有企业的作用还包括以下三点：其一，弥补市场缺陷；其二，发展战略性民族产业；其三，作为公有制的实现形式之一。这种观点强调，国企制度并不是天然低效的，因此改革的目标并不是消灭国企制度，而是如何使国有企业更有效地完成多种目标。

通过以上分析可以看出，两种观点对立的根本原因在于各自的理论出发点不同，具体表现在对市场机制在实际中和理论上的有效性判断不同，进而对国有企业的目标和定位也不同。第一种观点认为，市场机制才是经济增长的最根本甚至唯一推动力，因此政府不但不应将国企作为自己的经济代理人，也不应干预企业的利润最大化定位和微观经营。第二种观点相反，认为不应夸大市场机制的实际效率，国企作为政府的经济代理人具有经济上的合理性，而且政府通过控制企业以追求非利润目标甚至对市场机制具有支持作用。

在上一章的讨论中我们已经解释了为什么市场机制在经济发展过程中可能出现协调失败，以及政府为什么可以有效地干预市场；在上一节中我们也可以清楚地看到在实际的改革过程中政府的改革主导作用也确实推动了改革的顺利进行，为经济增长建立基础。因此，无论是现实还是理论都不支持第一种观点的前提假设。本书的观点与第二种观点相近，提出国有企业作为政府经济治理方式之一，其作用在于提升国家经济能力，尤其是社会成本承担能力和战略协调能力。经济的发展需要政府的干预，作为政府的直接干预手段，国有企业往往面临多目标的问题，这也使政府对国企的控制能力显得至关重要。因此，在市场机制仍不完备的当前，政府对国企的控制能力不仅不应下降，反而应该加强。

需要指出的是，政府对国企这个代理人的控制能力并非是由控制的程度和范围决定的。类似计划经济模式的全盘管理并不能使国企更好地完成目标，因此对国企实际上的控制能力并不强。在下一节我们将从理论和实践两个方面考察政府如何对国企进行控制及其效率。

第四节　对国企的控制方式及其效率

在明确了政府需要对国企进行控制之后，本节首先讨论政府对国企控制的具体方式和制度。由于国企与政府之间联系紧密，其自身也体现出目标模糊和多任务的特点，那么在这种条件下对国企实施控制是否导致了政府和国企之间的委托代理成本过大，无法有效激励企业经理人？本节在最后一部分对上述问题进行了探讨，发现无论从完全契约角度还是不完全契约角度，均没有足够证据表明私企的委托代理效率高于国企。

一、党管干部原则

党和国家对国企的控制主要是通过党管干部原则。公司制和股份制改革是国企改革的重要方向，然而，这并不意味着要将国有企业改造为完全独立的市场个体。相反，党对国企的控制与现代企业制度进行了融合，通过新的方式保证了党对企业的领导。具体表现为以下三个方面：

第一，党管干部原则和行政级别。党管干部原则是坚持党的领导的根本原则，其本质是人事控制。国企领导也属于国家干部的范围内，任免考察权属于上级组织。2003 年出台的《中共中央关于成立中共国务院国有资产监督管理委员会有关问题的通知》中明确指出，国资委党委在党中央的领导下进行工作，并对中共中央企业工作委员会管理的 143 户中央企业的领导人员进行管理，但是中央仍然直接管理 53 户国有重要骨干企业的董事长、总经理（总裁）和党组（党委）书记。在过渡时期，为了完善国企内部监督机制，1998 年国务院颁布的《国务院稽察特派员条例》就规定稽察特派员一般由部级、副部级国家工作人员担任。在 2008 年通过的《中华人民共和国企业国有资产法》完成向外派监事会制度的过渡后，仍然规定监事会主席由副部级国家公务员担任，国务院任命，专职监事一般由司（局）级、处级国家公务员担任。

许多研究发现，国企的领导与官员十分类似（杨瑞龙等，2013；李军林等，2011）。国企部分领导具有显性或隐性的行政级别，享受对应的政治待遇。虽然在2000年由国家经贸委颁布的《国有大中型企业建立现代企业制度和加强管理基本规范（试行）》中就明确指出企业不再套用党政机关的行政级别，但是实际上的行政级别并没有被淡化。53家骨干央企一般被认为是副部级，其余央企为正厅级（杨瑞龙等，2013）。王元芳（2013）也通过实证研究发现，国企高管面临的政治晋升激励大于薪酬激励。

为了规范国企领导干部的行为，国资委与相关部门联合出台了一系列文件说明具体的考核办法。2009年中组部与国资委共同发布《中央企业领导班子和领导人员综合考核评价办法（试行）》，明确规定了对领导班子和领导人分别的考核标准，其中对领导人员的个人贡献根据岗位职责不同实行分类评价。经营业绩只是考核的一项指标，并且在领导班子考核中仅占50%，而财务绩效仅占经营业绩考核的25%。2012年国资委发布的《中央企业负责人经营业绩考核暂行办法》进一步明确了如何计算企业负责人的经营业绩考核得分，并将考核结果分为ABCDE五个等级，与绩效薪金挂钩。2016年国资委和财政部联合印发的《关于完善中央企业功能分类考核的实施方案》将中央企业分为三类实施分类考核，其中对主业处于充分竞争行业和领域的商业类中央企业的考核主要以经济效益、资产回报水平和市场竞争力为主，对主业处于关系国家安全、国民经济命脉的重要行业和关键领域、主要承担重大专项任务的商业类中央企业的考核主要以任务完成情况为主，对公益类中央企业主要考核产品服务质量、成本控制、营运效率和保障能力。

第二，国企和政府之间存在频繁的双向流动。一方面，企业领导希望进入公务员序列谋取进一步晋升机会，延续政治生命（杨瑞龙等，2013）；另一方面，政府主导的经济增长模式客观上要求行政官员也要懂经济会管理，因此国企也被当作官员锻炼的场所（李军林等，2011）。天则所（2011）对国家部委官员的履历统计发现，在19个部委的183名副部级以上官员当中，具有国有企业工作经历的就有56人。2006年8月出台的《党政领导干部交流工作规定》明确规定：实行党政机关与国有企业事业单位之间的干部交流，选调国有企业事业单位领导人才到党政机关任职。《党政领导干部选拔任用工作条例》也明确指出，地方党政领导班子成员应当注意从担任过县（市、区、旗）、乡（镇、街道）党政领导职务的干部和国有企事业单位领导人员中选拔，并且要加强干部交流统筹，推进地区之间、部门之间、地方与部门之间、党政机关与国有企事业单位及其他社会组织之间的干部交流。

第三，在企业内部党委与决策层双向进入、交叉任职。仅仅保证部分企业领导直接由党领导还不足以保证党对国有企业的控制，还需要保证这些领导可以直接参与企业决策。体现党对企业决策参与的最重要制度是双向进入和交叉任职。“双向进入”是指，一方面充分利用国有资产控股的优势，使符合条件的企业党委会成员通过法定的程序进入企业董事会、经理层和监事会；另一方面使符合条件的董事会、经理层和监事会成员，按照党章及有关规定进入党委会。所谓“交叉任职”，即由一人同时担任企业党委书记和董事长，或党员董事长担任党委副书记，党委书记担任副董事长（中共上海市委组织部，1999）。

《关于深化国有企业改革的指导意见》明确规定“坚持和完善双向进入、交叉任职的领导体制，符合条件的党组织领导班子成员可以通过法定程序进入董事会、监事会、经理层，董事会、监事会、经理层成员中符合条件的党员可以依照有关规定和程序进入党组织领导班子；经理层成员与党组织领导班子成员适度交叉任职；董事长、总经理原则上分设，党组织书记、董事长一般由一人担任。”此外，还规定“党组织书记要切实履行党建工作第一责任人职责，党组织班子其他成员要切实履行‘一岗双责’，结合业务分工抓好党建工作。中央企业党组织书记同时担任企业其他主要领导职务的，应当设立 1 名专职抓企业党建工作的副书记。”①

无论从正式制度角度还是从实际操作角度，部分国企领导与官员之间的界限并不是十分清晰的，均直接接受党的领导。党和政府通过一系列文件的出台，不断明确不同行业国有企业的目标并确保相关负责人有激励对其有效执行。

① 《关于深化国有企业改革的指导意见》，新华社，2015 年 9 月 13 日，http://www.gov.cn/xinwen/2015-09/13/content_2930377.htm。

二、党委与治理结构的融合

在赋予企业更多自主权以及突出市场机制调节作用的同时，党对企业的领导具体形式也在不断发生变化。在改革初期，由于企业自主性不足，改革措施的重点在于将决策权从党委移交至厂长。1986 年 10 月中共中央、国务院发布《全民所有制工业企业厂长工作条例》《中国共产党全民所有制工业企业基层组织工作条例》和《全民所有制工业企业职工代表大会条例》，规定全民所有制工业企业实行厂长负责制，厂长为企业的法定代表人，代表法人行使职权。这也意味着“党委领导下的厂长负责制”的结束。1993 年 11 月，党的第十四届三中全会通过的《中共中央关于建立社会主义市场经济体制若干问题的决定》进一步推动出资者所有权和企业法人财产权的分离。“党管一切”的旧制度正式终止，但是党委仍然拥有参与重大事项决策的权力。1995 年 9 月党的十四届五中全会明确提出“政企分离”的要求①。

在国企初步建立现代企业制度之后，逐渐出现了党委会与现代企业制度的融合，为党委会寻找新的功能定位。2002 年和 2007 年两次对党章的修订中，均提出国有企业和集体企业的基层党组织要发挥政治核心的作用，具体表现在监督党和国家的方针政策的贯彻执行，参与企业重大问题的决策等内容。2005 年新修订的《中华人民共和国公司法》也要求公司对党组织的活动提供必要条件。2010 年 7 月，中共中央办公厅、国务院办公厅印发的《关于进一步推进国有企业贯彻落实“三重一大”决策制度的意见》要求国有企业在重大决策、重要人事任免、重大项目安排和大额度资金运作（简称“三重一大”）事项决策时要坚持集体决策原则，国有企业党委（党组）、董事会、未设董事会的经理班子等决策机构要“依据各自的职责、权限和议事规则集体讨论决定‘三重一大’事项，防止个人或少数人专断”，同时“董事会、未设董事会的经理班子研究‘三重一大’事项时，应事先与党委（党组）沟通，听取党委（党组）的意见。进入董事会、未设董事会的经理班子的党委（党组）成员，应当贯彻党组

① 本节大部分历史资料来自王元芳：《中国国有企业党组织参与公司治理有效性研究——基于政治干预行为的视角》，南开大学博士论文，2013 年。

织的意见或决定。"①

近期的文件将国企中党的领导重新提到重要位置。2015 年 9 月出台的《关于深化国有企业改革的指导意见》指出"把加强党的领导和完善公司治理统一起来，将党建工作总体要求纳入国有企业章程，明确国有企业党组织在公司法人治理结构中的法定地位，创新国有企业党组织发挥政治核心作用的途径和方式"。② 同期出台的《关于在深化国有企业改革中坚持党的领导加强党的建设的若干意见》也明确指出"把加强党的领导和完善公司治理统一起来，明确国有企业党组织在公司法人治理结构中的法定地位"。③ 习近平在 2016 年 10 月的全国国有企业党的建设工作会议上进一步说明，"中国特色现代国有企业制度，'特'就特在把党的领导融入公司治理各环节，把企业党组织内嵌到公司治理结构之中，明确和落实党组织在公司法人治理结构中的法定地位，做到组织落实、干部到位、职责明确、监督严格"。④ 国资委党委（2016）指出，企业重大决策必须先由党委（党组）研究提出意见建议，涉及国家宏观调控、国家战略、国家安全等重大经营管理事项，必须经党委（党组）研究讨论后，再由董事会、经理班子作出决定。

相关配套文件也进一步解释了加强党的领导的目的。2015 年 12 月出台的《关于国有企业功能界定与分类的指导意见》指出，无论是商业类和公益类国企都"作为社会主义市场经济条件下的国有企业，必须自觉服务国家战略，主动履行社会责任"。特别地，对主业处于关系国家安全、国民经济命脉的重要行业和关键领域、主要承担重大专项任务的商业类国有企业，要"合理确定主业范围，根据不同行业特点，加大国有资本投入，在服务国家宏观调控、保障国家安全和国民经济运行、完成特殊任务等方面发挥更大作用""重点加强对国有资本布局的监管，引导企业突出主业，更好地服务国家重大战略和宏观调控政策""合理确定经营业绩和国有资产保值增值指标的考核权重，加强对服务国家战略、保障国家安全和国民

① 《推进国企贯彻落实"三重一大"决策制度的意见》，新华社，2010 年 7 月 15 日，http：//www. gov. cn/jrzg/2010 - 07/15/content_1655395. htm。

② 《关于深化国有企业改革的指导意见》，新华社，2015 年 9 月 13 日，http：//www. gov. cn/xinwen/2015 - 09/13/content_2930377. htm。

③ 《关于在深化国有企业改革中坚持党的领导加强党的建设的若干意见》，人民网—人民日报，2015 年 9 月 21 日，http：//theory. people. com. cn/n/2015/0921/c49150 - 27611630. html。

④ 高丽萍：《习近平出席全国国有企业党的建设工作会议并发表重要讲话》，新华社，2016 年 10 月 11 日，http：//www. mod. gov. cn/shouye/2016 - 10/11/content_4745151. htm。

经济运行、发展前瞻性战略性产业以及完成特殊任务情况的考核”。[①] 在2016年7月的全国国有企业改革座谈会上习近平作出重要指示强调，国有企业是壮大国家综合实力、保障人民共同利益的重要力量，必须理直气壮做强做优做大。[②] 习近平在2016年10月的全国国有企业党的建设工作会议中强调，要通过加强和完善党对国有企业的领导、加强和改进国有企业党的建设，使国有企业成为党和国家最可信赖的依靠力量，成为坚决贯彻执行党中央决策部署的重要力量，成为贯彻新发展理念、全面深化改革的重要力量，成为实施“走出去”战略、“一带一路”建设等重大战略的重要力量，成为壮大综合国力、促进经济社会发展、保障和改善民生的重要力量。[③]

总的来说，国企改革的过程是放权先行，借助市场机制解决计划体制下的资源配置和企业内部效率问题，配合优胜劣汰的竞争方式筛选出一批优质企业，之后通过党的领导与现代企业治理结构相结合，重新加强党的领导，推行国家战略并完善相关考核激励机制。国企与以利润最大化为目标的一般企业的最大不同便是国企从制度层面保证了国家战略对其目标的影响，因此具有多目标的特点。

三、政府控制与委托代理效率

另一种对于国企的批评在承认国企受到政府控制及其多任务特点的基础上进一步指出这种制度会导致企业所有者难以控制经营者，因此委托代理成本上升，使经营低效。本部分从完全契约和不完全契约两个角度，指出这种批评是对契约理论的误解。

（一）不完全契约理论视角

政府通过保留人事权下放经营决策权的方式对国企进行控制，本质上是一种委托代理下的激励控制制度。在这种制度下，可以看作为政府“雇佣”企业经理人。与之相对的是政府赋予企业完全的自主性，政府仅仅

① 《关于国有企业功能界定与分类的指导意见》，中国政府网，2015年12月7日，http://www.gov.cn/gongbao/content/2016/content_5061700.htm。

② 范斯腾：《习近平对国有企业改革作出重要指示》，央广网，2016年7月5日，http://china.cnr.cn/news/20160705/t20160705_522583520.shtml。

③ 高丽萍：《习近平出席全国国有企业党的建设工作会议并发表重要讲话》，新华社，2016年10月11日，http://www.mod.gov.cn/shouye/2016-10/11/content_4745151.htm。

“购买”企业的产品或服务。如果雇佣合约和购买合约都是完全的，那么这两种制度等价，社会最优总是可以达到。如果企业生产的过程需要根据某些不可预见或不可证实的因素进行调整，无法在事前签订完全契约，那么购买合约便与雇佣合约不再等价。

契约的不完全性会产生两个结果①。第一，对于政府而言采取购买的方式成本更大。这是因为在雇佣合约下，雇主具有最终决策权②，从而可以保证生产总是按照自己的意图进行，而在购买合约下，企业享有全部决策权，因此会要么按照最符合企业自己利益的方式生产，要么与购买者进行再谈判，分享一部分收益。无论是何种情况，作为购买者的政府都需要承担额外的成本。第二，对于企业经理人而言，雇佣模式导致的努力程度或专用性资产投资程度更低。如果除了生产过程中包含的不可缔约性，经理人还可以通过不可缔约的努力或投资消减生产成本，那么在雇佣模式下由于经理人预测到雇主会在争议中选择有利于雇主的生产方式，经理人便不会有足够的激励进行努力或投资，而在购买模式下由于经理人总是可以选择有利于自己的生产方式或可以再在谈判中获得补偿，他更有激励消减成本。

这两个结果对于生产效率的影响方向相反，因此政府在选择生产模式（雇用或购买）时面临着生产方式和生产成本之间的权衡。可以进一步推论，在给定其他条件不变的情况下，如果生产过程中的不可预见性或称复杂性越高，或者买卖双方利益冲突的可能性越大，那么政府愿意选择“雇用”国有企业，而非向国有企业“购买”。

---

① 相关的理论探讨可以参见：Hart, O., Shleifer, A., & Vishny, R. W., The proper scope of government: Theory and an application to prisons. The Quarterly Journal of Economics, Vol. 112, No. 4, 1997, pp. 1127 - 1161;

Bajari, P., & Tadelis, S., Incentives versus transaction costs: A theory of procurement contracts. Rand journal of Economics, 2001, pp. 387 - 407;

Tadelis, S., Complexity, flexibility, and the make-or-buy decision. American Economic Review, Vol. 92, No. 2, 2002, pp. 433 - 437;

Dixit, A., Incentives and organizations in the public sector: An interpretative review. Journal of human resources, 2002, pp. 696 - 727;

Dixit, A., Governance institutions and economic activity. The American Economic Review, Vol. 99, No. 1, 2008, pp. 3 - 24;

Dixit, A., Bureaucracy, its reform and development. Review of Market Integration, Vol. 4, No. 4, 2012, pp. 135 - 157;

Dixit, A., Governance reforms and growth: Some ideas from economic theory. Frontiers of Economics in China, Vol. 10, No. 4, 2015, pp. 567;

Williamson, O. E., The economics of governance. The American Economic Review, Vol. 95, No. 2, 2005, pp. 1 - 18.

② 或者认为在再谈判中雇主具有完全谈判力。

与之前分析相联系，在中国经济发展过程中导致政府倾向于控制国企的原因有两种：对改革成本的承担和对产业结构调整的要求。首先，中国在改革过程中的一个特点是采取了许多政策试验，在试验过程中存在大量的不可预测性并且可能导致严重后果①，因此需要政府直接或间接地消化这部分成本。反映在国企层面，这便是要求国企偏离个体最优生产方式，承担改革成本。其次，由于市场机制本身在经济动态调整过程中容易导致协调失败，需要政府对产业结构进行“逆市场”的调节。这也意味着，此时社会经济发展的要求与单个企业的利润最大化要求冲突，政府有动机保留最终决策权。

在不完全契约框架下，政府对国有企业的控制是由企业的生产特性内生决定的。相对于社会最优（first best）而言，雇佣模式具有次优的特点，但是仍然优于购买模式。换句话说，由于生产任务本身的复杂性及可能导致的冲突性，导致此任务无法以社会最优的方式实现，并且以私企形式的生产更加无效，所以才采用了国企形式组织生产。

（二）完全契约理论视角

即使契约是完全的，委托代理理论也并不能支持国企低效的结论。在完全契约理论下更关注的是如何以最小成本激励代理人的问题，也就是如何减少经理人信息租金的问题。由于不同所有制企业所能采取的激励和监管措施不同，因此，哪种企业更能有效激励代理人是不确定的。

在考虑对经理人的激励和监管问题时，可以近似地认为私有企业的股东以利润最大化为目标，那么激励和监管问题的核心便是防止经理人的道德风险行为。此时，激励的有效性取决于以下因素：一是经营努力的可观测程度。信息不对称程度决定了经理人的信息租金，当信息不对称程度越高时，经理人越容易采用机会主义行为谋求私利；相反，当信息不对称程度极低时，即使经理人和股东的利益冲突严重，其行为也可以被很好地监管。二是监管搭便车问题严重程度。由于对于所有股东而言，对经理人的监管是公共物品，因此存在搭便车问题。搭便车问题的严重程度与股权分散程度有直接关系。当股权足够集中时，搭便车问题便得到缓解，反之，则更为严重。三是专职监管人员的激励程度。对监管信息的收集具有规模经济的特点，因为对监管活动越了解越容易进行有效监管，进而使监管活

① 例如在第二步利改税之后的国企利润连续 22 个月下降，以及“价格闯关”造成的严重通胀。

动具有自然垄断的特点，容易导致监管程度不足。因此，专职监管人员的激励制度对监管活动的有效性极为重要（Laffont and Tirole，2001）。四是经理职位的竞争程度。由于经理职务相对应的报酬丰厚，公司内部对经理职位的竞争可以缓解道德风险问题带来的效率损失，进而节省对额外监管的需求程度（Lazear and Rosen，1981）。五是收购威胁。当经理人长期采取机会主义行为时，公司的股票价格会降低，进而增加了企业被其他企业收购的可能，使经理人的职位受到威胁。因此，如果股票市场足够发达，收购威胁会减少经理人采取机会主义行为的可能（Scharfstein，1988）。六是破产可能。与收购威胁类似，对于经理人而言，破产意味着控制权以及相关收益的丧失，因此如果经营不善会带来更高的破产可能，那么经理人的机会主义行为也会相应减少。

王永钦、丁菊红（2007）认为，公有部门区别于私有部门的特征有四个：第一，多任务目标；第二，绩效难以衡量；第三，委托人异质性更强；第四，代理人的非货币收益份额更大。考虑到这些特点，影响国企经理人激励效率的因素包括以下几点：一是目标能否清晰界定。私企虽然面临委托人代理问题，但是由于委托人最关心的仍是利润，因此其目标是相对易于测量和达成共识的。相反，国家和政府的目标往往难以量化和具体界定，这种模糊性一方面造成了委托人对代理人监管上的困难，无法形成有效激励；另一方面，也使获得激励的代理人无法明确知道如何完成委托人的目标（Grant et al.，2012，2014）。二是经营努力的可观测程度。同私有制企业一样，即使委托人的目标是清晰的，但是经理人在日常决策过程中也有很多无法直接监督的自由裁量权（林毅夫等，1997）。三是专职监管人员的激励程度。除了私企中的专职监管职位以外，由于国企与政府之间关系的特殊性，还可能面临来自国资委以及纪委的监管（邵宁，2014）。四是经理职位的竞争程度。更模糊的委托人目标和经理人更大的自由裁量权会使经理职位更具吸引力，因此通过此渠道的激励效果更强。五是决策参与程度。国有企业与私有企业的另一个不同之处在于，国有企业内部形成了党对企业决策的制度化参与，党委会和董事会并行的局面（王元芳，2013）。

以上展示的影响国有和私有企业委托代理成本的因素有些有利于国有企业，有些有利于私有企业，具体何种所有制下的委托代理更有效，取决于各种因素的相对重要程度，因此不能简单地将所有制与委托代理成本挂钩。简而言之，在微观激励层面很难令人信服地证明国有企业经营者面临的激励弱于私有企业经营者。

第五节 小　　结

总的来说，本章主要讨论了两个问题：为什么国有企业可以被视为政府的代理人？政府控制国企的具体机制是什么？

对于第一个问题的回答本质上是对国企定位的讨论。本章在对国企改革主线梳理的基础上，提出国企作为政府治理手段的一部分，其目标并不是简单的利润最大化，而是贯彻国家意图，提升政府的社会成本承担能力和战略协调能力。这也意味着，为了实现这一目标要求政府对其经济代理人——国有企业进行有效控制。需要指出的是，政府对国企的控制能力并不直接由控制范围和控制程度所决定，而是取决于具体的放权和激励方式。

对于第二个问题的回答要求我们对政府和企业之间连接机制进行考察。通过对事实的整理发现，我国政府按照“党管干部”原则对国企领导实施人事控制，在下放决策权的同时促进了党委和现代企业制度的融合，形成了人事权和经营权分离的治理结构，从而也间接地控制了国企的经营目标，使之可以贯彻非利润导向的国家战略。从理论上看，并不能简单断言此种治理结构相比利润最大化的私企更低效。尤其是在任务多元且复杂的条件下，政府控制国企的生产组织方式反而优于通过私企组织生产的方式。

基于本章的分析，在之后的讨论中我们便默认国企会服从政府的意志，追求非经济、非利润的目标。

第五章

国企与社会成本承担能力：经济增长的另一种解释

第一节 引 言

从 20 世纪 90 年代中期开始，国有企业产业布局的问题逐渐显现出来。在“抓大放小”战略的指导下，大量中小型国有企业被私有化进而退出了公有制序列，但是政府也明确地提出了要对大中型企业保持控制。1995 年，吴邦国在参加国家试点企业集团工作会议时指出，要抓住“关键的少数”，即我国最大的 500 家企业。2006 年，国资委明确提出国有资本对军工、电网电力、石油石化、电信、煤炭、民航、航运七大行业保持绝对控制力，对装备制造、汽车、电子信息、建筑、钢铁、有色金属、化工、勘察设计、科技九大行业保持较强控制力。目前，例如航空航天、能源、钢铁等上游产业和铁路、金融等重要领域仍然由国企尤其是央企控制，而且在很多领域具有相当的垄断地位。在国有资本退出一般商贸业和加工工业的同时，大型国企以及关系国计民生的重点领域的国企并没有被私有化，相关领域的进入也受到了严格把控。

在国有经济新布局下，国有企业的整体绩效得到了显著改善，许多央企都跻身福布斯世界企业 100 强行列之中。但是不可否认的是，部分大型国企的利润占到了国企全部利润中相当大的比例。根据历年数据估计，大型央企的利润占到了全部国企利润的 70% 以上①，并且此类央企大多处于

① 国务院国有资产监督管理委员会官方网站，http：//www. sasac. gov. cn/n2588035/n2588330/n2588370/index. html。

具有一定行政垄断[①]的要素市场。基于上述事实，部分学者得出结论，认为当前产业结构造成了巨大的经济扭曲，并且高额的利润也不可持续（刘瑞明，2011；Li et al.，2015）。

然而，这种观点并没有回答的是，为什么国企，更确切地说是国家要控制核心上游产业。它们的模型暗示政府获得超额利润的目的在于满足政府工作人员/精英群体的消费。此假设的片面性在于将国企完全等价为一般的“为了消费而生产”的企业，而不考虑国企所承担的社会责任。如果国企将所得利润全部用以相关利益人群的消费，那么上述批评是恰当的，但是如果国企以其利润直接承担社会责任或上交国家财政用以承担社会成本，从而保持宏观经济和社会的稳定、推动进一步改革，那么这种产业结构便可能反而对提升社会整体效率有积极作用。换句话说，国企的效率不仅仅取决于利润如何获得，更取决于利润投向何处。

本章的分析前提是，国企的利润被用于承担改革过程中的社会成本。在计划经济体制下，国企与政府的关系密切，甚至有些城市是先有企业再有政府，因此国企不但需要承担生产任务，还需要承担很多社会职能。在国企的改革过程中，由于与市场机制配套的相关支持性机构和制度（例如养老、社保、医疗和教育等）仍不完善并且政府的接收能力有限，为了维护宏观经济和社会的稳定，这些责任很大程度上还是由国企承担，造成了大量非生产性成本（纪宝成，2004）。

实际上，国企通过直接和间接方式对社会成本进行了承担。直接承担的主要方式是承担社会职能、吸纳就业。在承担社会职能方面，国企由于历史原因承担了很多社会责任。在计划经济时期国企与政府关系紧密，因此自然地承担了提供医疗、教育、基础设施等服务的社会职能。甚至在许多地方是先有企业再有政府，因此企业内部还有治安和司法部门。邵宁（2014）整理发现，截至1998年底，全国企事业单位办中小学1.9万所，大体占全国学校的1/3。其中企业办学约占90%。根据卫生部1997年的统计，邵宁（2014）估计企业每年在医疗服务方面需投入31亿元。截至2004年底，企业自办公安系统每年需补助53.1亿元，自办市政机构每年需补助21.9亿元，自办社保机构每年需补助44.5亿元，自办供水供电供暖机构每年需补助119.5亿元。截至2006年底，全国国有企业因办社会

① 事实上国企的垄断与利润驱动的企业的垄断具有很大不同，因为前者的定价权受到很大限制。例如，国家石油行业虽然没有放开准入，但是汽油、柴油的价格却是由发改委制定，而不是企业自身。

职能支付的经费补助额为209.5亿元。

在吸纳就业方面，国有企业具有安置城镇就业人口的任务。根据刘元春（2001）估算，1989～1993年国企因安置就业所造成的额外工资支出为1000多亿元，相当于当年实现利润额的4～5倍；1994年后每年多支付工资超过5000亿元，相当于当年实现利润的6～10倍。从另一个角度来看，在1998～2002年"下岗"职工就达到2700多万人，这也间接说明了之前国企所承担的冗员问题有多严重。

间接承担社会成本的方式便是通过上缴利税增加政府财政收入。相对于其他所有制企业而言，国企承担的税负负担较重。宗寒（2011）对数据进行整理后发现，即使是在国企大面积亏损和"三年脱困"期间，其承担的税负负担都远远高于其他所有制企业。

从政府财政收入的份额来看，国企尤其是央企是财政收入的重要来源。备受指责的央企除了2014年以外，自2008年以来每年上缴利税（费）均占到国家财政收入的15%以上，全部国企在2013年以来每年上缴利税（费）也占到22%以上，如表5－1所示。

表5－1 央企和全部国企上缴利税（费）占财政收入比例

年份	央企	全部国企
2008	0.169997	
2009	0.167471	
2010	0.178582	
2011	0.161771	
2012	0.162042	
2013	0.154787	0.224665
2014	0.149605	0.269721
2015	0.195255	0.250058
2016	0.182718	0.238644

资料来源：笔者基于国资委和国家统计局网站计算。

通过以上讨论可以清楚地看出，国企在过去和当前都通过直接和间接的方式对改革过程中的各种成本进行了承担，因此其通过产业优惠政策而获得的超额利润实际上也是对国家的社会成本承担能力的提升，而非仅是对特殊利益群体消费的满足。

国企在背负社会负担实际上是在提供公共秩序，这也导致其运营的社会收益大于私人收益，因此参与市场必然无法与其他民营企业竞争。国企补充政府职能承担社会成本实际上提升了政府的社会成本承担能力，因此本章探讨的是政府对不同产业位置的企业进行控制如何影响了社会成本承担能力。

此外，在改革的过程中，具体措施往往是通过试错的方式获得的，这也对政府的社会成本承担能力提出了更高的要求。一项改革措施在全面推行之前，往往会选择部分试点进行政策试验。采取政策试验的原因在于地方的实际情况对于具体的措施选择十分重要，因此在改革中经常采取的做法是中央政府定大方向，具体的措施由地方政府在实践中探索出来，这其中就包含着许多不确定性。如果政策试验效果不理想，那么政府的成本承担能力也会相应减少，增加了社会失序的可能。

基于以上考虑，本章将改革过程抽象为一个连续的、有成本的改革试验过程，改革的本质是通过放权和改制探索提升企业生产绩效的方式，从而达到经济发展目标。政府的决策问题是通过选择不同的改革路径（控制上游进行下游改革或控制下游进行上游改革）以确保改革成功以及社会福利最大化。在此分析框架下，本书进一步考察了两个问题：一是不同改革路径对改革可行范围的影响；二是为了实现相同的改革效果，何种改革路径带来的社会福利更大。

本章模型刻画的基本权衡问题是经济效率的提升和改革可持续性之间的权衡。范围越大、越激进的改革措施一旦成功便会带来较大的效率提升，同时也导致改革成本过大而终止改革。我们通过研究发现：第一，政府对上游企业的控制可以使政府具有更大的社会成本承担能力，从而使可行改革方案的范围变大，改革更易于启动；第二，当改革的风险足够大时，国企对上游企业的控制可以使（在实现既定改革目标的过程中）社会福利最大化。这两项发现从推进改革进行和承担改革成本的角度解释了政府控制上游企业的原因，而且指出了这种产业控制安排不应被视为经济扭曲，而是通过推动改革的进行间接地促进了改革目标的实现和经济的增长。

第二节　模型设定

考虑三个企业，分别记为企业 0、1、2。企业 0 处于产业链上游，其生产的产品是下游企业 1 和 2 的原材料。由于本模型希望关注的是产业结构与政策试验之间的关系，因此我们假设三个企业的加工成本相同，均为 c。此假设保证了上游和下游企业之间的不同仅源自其在产业链中的不同位置。相应地，将企业各自的产品分别记为产品 0、1、2，产量分别为 q_0，q_1，q_2，价格分别为 p_0，p_1，p_2。假设上游企业的生产仅需要加工成本，下游企业每生产 1 单位产品除了需要付出相应的加工成本以外，还需要使用 1 单位原材料。上游企业的产品全部由两个下游企业购买，下游企业的产品 i（i = 1，2）向市场上销售，面对需求 $d_i = 2 - 2p_i$。

图 5－1 展示了经济的基本结构，企业 0 处于产业链的上游，为企业 1 和 2 供应原材料产品 0；企业 1 和 2 处于产业链的下游，对原材料进行加工并分别在各自的产品市场进行销售。企业 0 的成本仅包括加工成本，因此产品 0 的单位成本为 c；企业 1 和 2 的成本包括加工成本和原材料成本，因此产品 1 和 2 单位成本分别为 $c + p_0$ 和 $c + p_0$。

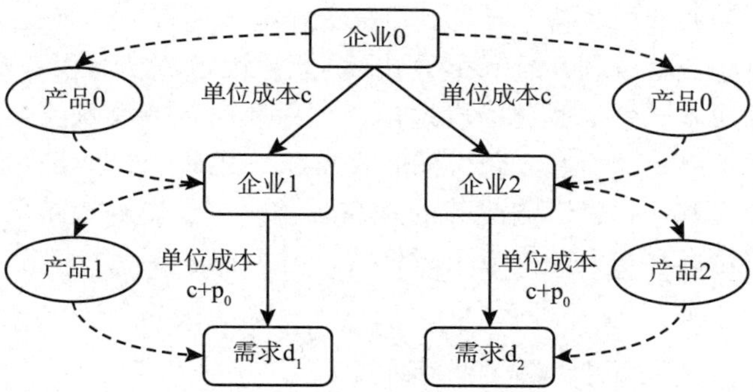

图 5－1　产业结构示意

此经济体具有清晰的上下游结构和产品供需关系。下游企业在原材料市场（产品 0）上相互竞争且是价格接受者：上游企业 0 根据自身利润最大化原则确定价格 p_0，下游两企业将此价格视为给定。但是下游企业在各自产品市场中具有一定的垄断力量，因此具有定价权，即通过确定产品价格和产量（p_1，q_1）和（p_2，q_2）以最大化自身的利润。

除了企业以外，政府是本模型关注的最核心参与人。在初始状态下，政府控制了全部三个企业，即社会采用了计划经济体制[①]。如果政府控制

① 需要注意的是，本模型并不对计划体制进行仔细分析，而是仅将其作为改革的出发点。这一点在后面的讨论中将更加明显。

了企业，那么企业的收益（利润）便由政府获得。为了达成既定的经济增长目标，政府在三个企业中选择部分企业分别进行一项结果不确定的改革试验，每个企业改革成功的概率相互独立，均为 θ。一项改革具有如下三个影响：第一，如果改革成功，那么进行改革的企业 i 的加工成本将会下降 $r \in (0, c)$；如果改革失败，此企业的成本将会上升 r。第二，由于改革具有放权让利的属性，因此实施改革后政府将失去企业的部分收益。为了简化分析，我们假设政府失去全部收益。第三，政府需要承担每个实施改革的企业原本所承担的社会成本 B（也即改革成本），如果政府无力承担此成本，那么改革终止，所有人收益为 F。

我们假设政府每次只能在一个企业中进行改革试验，因此存在两条改革路径可以实现相同的经济结果：第一，在上游企业 0 尝试改革；第二，在下游企业 1 和 2 依此尝试改革。在改革选择之前，政府知道改革的成本 B 和潜在收益/损失 r，但是不知道改革是否会成功。政府对改革成本的支付来自其控制企业的收益，并且其目标为在改革过程中实现社会福利最大化，即所有企业期望利润之和最大化[①]。无论改革成功与否，政府都需要承担改革的成本。一个关键的设定是，如果政府不能顺利支付社会成本，那么改革直接终止，所有人获得最低收益 F。因此，改革路径会从两个方面影响社会福利：一是影响改革的潜在收益；二是影响改革的可持续性。我们可以将所有参与人的决策顺序总结为图 5 - 2。

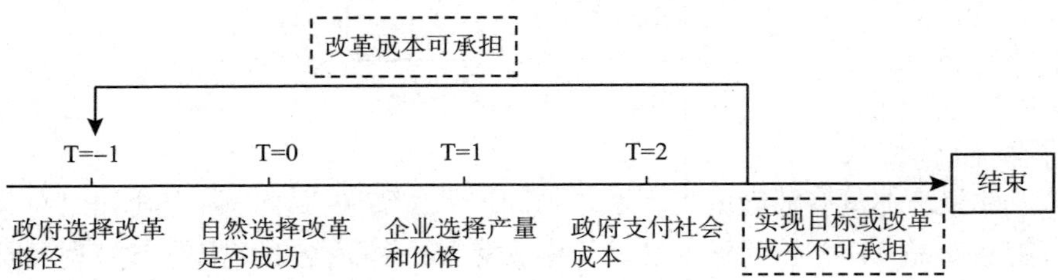

图 5 - 2　改革参与人行动顺序

在 T = -1 时期，政府制定改革计划，决定在哪个企业进行改革试验。在 T = 0 时期，自然揭晓改革的结果，进而确定了所有企业的成本。在 T = 1 时期，企业在新成本条件下作出产量和价格选择，此时均衡要求参

---

① 我们在社会总福利中忽略了消费者剩余。这种简化一方面不会根本性地改变本章的结论，另一方面也极大地简化了分析。

与人（三个企业）的策略组合（价格和产量）满足以下两个条件：一是最大化各自的利润；二是原材料市场出清，即 $q_0 = q_1 + q_2$。在 T = 2 时期，政府和实施改革的企业分别获得暂时收益，此收益能否最终获得取决于政府收益是否大于社会成本 B。如果改革成功实现既定目标，那么所有参与人获得既定收益，改革结束；如果改革失败，且政府无力承担改革成本，那么所有参与人收益均为 F，改革结束；如果改革失败但是政府可以承担改革成本，或者改革成功但目标仍未实现（即仍需改革另一下游企业），那么决策问题重新回到 T = -1 时期，政府获得新一轮改革的机会[①]。

从上述介绍可以看出，本模型为讨论不同改革范围和路径的社会福利影响提供了框架。如果选择在上游企业 0 进行改革试验，那么仅需一次改革成功即可实现既定目标，但是改革失败可能使得政府无力承担社会成本；如果在下游企业 1 和 2 进行改革试验，情况恰好相反：虽然改革试错更容易持续，进而成功的可能较大，但是改革较为缓慢。上述权衡问题便是本模型希望展示的核心逻辑。

在进一步讨论改革措施的影响之前，我们需要对此模型的含义作出简要解释。

第一，加工生产成本刻画的不仅是物理上的制造成本，也包括由于体制原因（例如激励不足、监管能力有限以及社会负担）所导致的生产浪费。在计划经济时代，正如哈耶克（1945）、马科夫斯基和奥斯特洛伊（1992）等经济学家所指出的，企业的生产计划是以指令的形式由上级决定，并且利润也需要上交，因此企业经营者和工人缺乏努力工作的激励，进而导致生产的无效率。邵宁（2014）也指出，在计划经济末期，中国经济中的典型问题是生产的浪费性和产品的稀缺性并存。再加上在计划经济体制下，国有企业几乎是一个“小社会”，不但需要进行生产，还要提供教育、医疗等社会服务。在当前市场经济条件下，被控制企业生产成本较高的原因除了冗员和社会职能之外，还包括政府出于各种考虑要求企业采用高成本但是却对社会有益的生产方式。例如，由于政府鼓励使用更加清洁的天然气，石油企业在国内天然气价格低于进口价仍然大量进口以弥补供需缺口。以上事实均说明，在考虑生产过程中，由于体制的原因所导致的生产成本不容忽视，并且在本模型中统一反映在加工成本中。从另一个角度看，在国企改革过程中，各种措施的重要目标也是提升企业的自主

① 一个合理的假设是，失败的改革会被取消，经济被恢复到未改革时的情况，因此政府在每次改革中都面临相同的情形。

性，特别是在改革初期的放权让利阶段，几乎是在不改变企业生产条件下仅通过收益分配和决策权下放的制度手段使企业效率大幅改善。因此，在本模型中，我们更希望将加工成本解释为由于制度原因导致的支出，而改革的目标也是通过各种方式消减此类支出。

第二，改革所带来的社会成本在中国改革中是极其重要的问题，而改革的难点之一就是如何保证改革的非经济影响。许多经济学家指出，中国经济改革的一个显著特点便是具有渐进特点和帕累托改进的性质（Qian，2000；盛斌，2001 等）。然而，这并不意味着所有改革都不存在利益受损者或者反对者。例如，在国企改革过程中非常重要的“破三铁”“抓大放小”和剥离社会责任改革，其成败直接取决于能否妥善处理改革过程中的社会成本。对企业而言，这几项改革几乎必然提升经营绩效，但是由于涉及相关人员福利待遇下降甚至下岗失业的问题，极其容易引发社会问题，产生冲突。一个典型的例子便是“大庆事件”。2002 年 3 月，大庆油田部分有偿解除劳动关系人员采取了冲击办公楼、堵塞公路和拦截火车等不理智行为，上访人数甚至达到 6000 人（邵宁，2014）。这些问题的解决往往需要政府部门的介入，并且需要大量社会资源的配套。例如在下岗问题上，最重要的是建立完善的社保体制，保证利益受损者得到合理补偿。若是政府没有能力控制局面，那么社会问题不仅无法得到妥善解决，更会不断扩大升级，使得改革进程停滞。中国改革的成功很大程度上便是通过渐进方式使得改革过程平稳、可持续，但是也曾出现过一定规模的混乱导致改革步伐放缓的情况①。因此，本模型通过设置社会成本，将这些改革所遇到的实际“非经济成本”引入分析，并且假设若是不能妥善处理这些问题，任何改革都必然失败，从而特别突出了社会成本的重要性。

第三，本模型对企业垄断性和国有企业利润最大化的假设具有现实意义。在模型设置过程中，我们引入了两个技术性假设：企业在产品市场具有垄断地位以及企业的目标是利润最大化。垄断假设不应被字面地理解为“仅有一个企业在市场上”的经济结构，而可以视为每个企业分别面临一个向下倾斜的需求曲线或者产品不是完全可替代的。从这个角度看，此假设并不失一般性。此外，在现实中国有企业追求的往往不仅是利润最大化，还包括社会福利等各种任务（李军林等，2011）。然而，在本模型框架内，由于政府需要资金承担社会成本，因此利润目标和社会目标是统一

① 例如 20 世纪 80 年代末由于物价闯关导致的严重通货膨胀和相应的社会问题便导致了之后几年的改革步伐明显减缓，经济增速下降，直到 1992 年邓小平南方谈话之后才重新恢复正轨。

的。换句话说，我们在形式上假设国企追求利润最大化，但是由于其收益被用于承担改革的社会成本，实际上我们假设的是政府（通过国企）追求社会成本的负担能力最大化。因此，本模型引入的两个技术性假设实际上不仅简化了分析，也与现实相符。

在模型设定中，最先行动的参与人是政府，其次才是三个企业。然而在均衡分析中，我们采用的是相反的求解顺序：首先假定成本已知，分析三个企业的决策问题，然后退回到政府决策问题，分析控制和试验路径选择问题。

第三节　企业决策问题

假设上下游企业生产的单位加工成本为分别 c_0，c_1，c_2。首先考虑下游企业 1 和 2 的决策问题。在原材料价格 p_0 下，下游企业 i 面临需求 d_i，通过选择产量最大化自身的利润。正式地，企业 i 的产量选择问题可以总结为如下规划问题：

$$\max_{q_i}\left(1-\frac{1}{2}q_i\right)q_i-(c_i+p_0)q_i$$

目标函数的第一项表示企业 i 的收益，第二项表示其总成本（包括加工成本和原材料成本）。通过求解一阶条件可得：

$$q_i=1-c_i-p_0 \tag{5.1}$$

由于每生产一个下游产品需要耗费一单位原材料，即 $q_0=q_1+q_2$，因此，式（5.1）实际上也刻画了企业 0 面临的需求情况。具体而言，上游企业的需求表现为：

$$p_0=\frac{2-c_1-c_2-q_0}{2}$$

上游企业在利润最大化目标下通过选择产量 q_0，因此其决策问题为：

$$\max_{q_0}=p_0q_0-c_0q_0$$

通过求解一阶条件可得：

$$q_0=\frac{2-c_1-c_2-2c_0}{2} \tag{5.2}$$

将式（5.2）代入需求函数中，可以解得价格 $p_0=\dfrac{2-c_1-c_2+2c_0}{4}$。再将其代入式（5.2）中，可以得出均衡状态下的下游企业 i 的产量为：

$$q_i = \frac{2 - 3c_i + c_{-i} - 2c_0}{4} \tag{5.3}$$

其中 c_{-i}表示另一家下游企业的成本。将式（5.2）和式（5.3）代入企业的目标函数中，可以解得上下游企业的利润水平为：

$$\pi_0 = \frac{(2 - c_1 - c_2 - 2c_0)^2}{8} \tag{5.4}$$

$$\pi_i = \frac{(2 - 3c_i + c_{-i} - 2c_0)^2}{32} \tag{5.5}$$

观察式（5.4）、式（5.5）可以发现，在不同企业中进行改革试验的效果是不同的。首先，在上游企业试验对整体经济的影响也大于下游企业。如果我们假设所有企业的加工成本相同，即 $c_0 = c_1 = c_2$，那么上游企业 0 的利润 π_0 大于下游两家企业利润之和 $\pi_1 + \pi_2$。换句话说，上游企业成本的变化对经济的影响被产业结构放大，在企业 0 中改革成功所带来的整体效率提升和改革失败所带来的整体效率下降均大于下游企业改革试验所能造成的影响。其次，可以看出，处于上游企业 0 对下游企业 1 和 2 具有控制力，这反映在下游企业的成本与它的利润负相关，这就意味着，如果下游企业成功消减成本，那么部分效率提升所带来的收益会通过产业结构被上游企业分享。最后，下游企业的利润也受到上游企业的经营绩效的显著影响。影响下游企业的利润最重要的因素是自身的加工成本（负相关），其次是上游企业的加工成本（负相关），最后是对手企业的加工成本（正相关）。这也意味着，来自下游企业之间竞争的影响小于上游企业对下游企业的影响。

第四节　政府决策问题

在展开分析之前，我们希望首先对政府的目标和决策标准进行讨论。在本模型中，我们假设政府的目标是通过承担改革的社会成本保证改革的持续性。与本书不同，在许多对国有企业的研究中，常常不将国家作为一个独立的参与人进行讨论，而是隐含地假设国家通过国有企业实现的目标是利润最大化（刘瑞明，2011；Li et al.，2015），并进一步分析这种最大化目标对于社会整体福利最大化目标的影响。如果单纯地从国有企业这个微观的个体来看，利润目标确实是国有企业的经营任务的一部分。例如，

《中央企业领导班子和领导人员考核评价办法》明确规定了“经营业绩”占到领导班子综合考核评价的50%，《中央企业负责人经营业绩考核暂行办法》进一步说明了详细的考核年限和具体的考核指标（包括国有资本保值增值率和总资产周转率等）。从这个层面上看，提升经营业绩毫无疑问是国企的重要目标之一。但是，更重要的问题仍然没有得到回答：政府为什么需要国企实现利润最大化？

本模型的独特之处便在于为这个问题提供了明确的回答——政府以特定经济结果为目标进行改革，并希望在改革过程中实现社会福利最大化，这便要求政府有能力承担改革的社会成本以实现改革的持续性。与前述相关研究不同，本模型特别强调改革的风险和推行的社会成本。首先，以往研究所采用的一般均衡框架并不能很好地刻画改革所面临的风险和政策试验的必要性。如果先验地认为“放开竞争”“产权改革”这些抽象的原则一经实践便立刻使经济达到一般均衡的有效状态，那么任何放开竞争、促进盈利激励的改革措施都自然会带来社会效率的提升。然而正如罗德里克（2009）所强调的，这种过度简化的分析方法可能混淆了“经济原则”和“制度安排”。例如放开竞争和促进产权保护这类经济原则并不唯一地对应于一组特定的经济措施，其在现实中可以表现为不同的经济、法律相关的制度安排，而何种制度安排在当前（可能具有多重“次优”影响）环境下效果最好是任何改革者所无法事先预料的，因此需要政策试验以减少改革所面临的风险。其次，以往的研究并没有对改革成本进行关注。在改革中一个重要的问题是改革所带来的社会成本有多大以及如何承担。例如邵宁（2014）提到，在国企改革中最没有争议的一项即是要剥离企业作为“小社会”所承担的社会负担，然而此项改革确实最困难的。这是因为企业下属的医院、学校以及公检法系统都具有大量的雇员，如何移交政府、相关人员的福利待遇如何平衡以及政府如何承担这部分支出都是棘手的问题。为企业剥离了“负担”并不意味着“负担”就凭空消失了，一般而言，无论是就业还是社会职能最终仍需要政府接手，承担这部分改革成本。作为影响改革进程的重要因素，改革成本的大小以及政府的承受能力是一个不应被忽视的问题。

我们假设改革成本已知，且必须由政府（或被政府控制的企业）承担，但是改革是否会成功在事前是未知的，因此政府在选择改革路径的时候必须考虑自身对改革风险的承受能力。改革的持续进行要求政府有能力承担改革所带来的社会成本。同时，由于改革成本是在当期生产结束之后支付的，这便意味着如果改革失败了，那么政府有可能无力承担改革成本。如果政府控制的企业的收益大于改革成本，那么改革便是可持续的；反之，改革便被终止，所有人的收益均为F。政府的目标是社会福利最大化，具体体现为避免改革被终止（见假设A2）。

政府选择不同的改革路径会导致不同的企业生产状态和社会成本承担能力。存在两种可选路径：第一，在上游企业0进行改革试验（后称上游改革）；第二，先在下游企业1进行试验，在企业1的改革成功之后，对企业2进行改革试验（后称下游改革）。为了使分析更具有实际意义，我们引入如下假设：

$$\frac{(2-4c-r)^2}{8}+\frac{(2-4c+r)^2}{32}>B \tag{A1}$$

在下面的分析中我们可以看出，A1意味着即使是最小规模的改革，仅在下游企业1改革，只要成功即可以承担社会成本。A1保证了各种改革规模均是可行的。如果A1不成立，那么政府连推动最小规模改革的能力都不具备，因为即使改革成功了，由于无力承担社会成本，改革还是要被迫中止。这种情况过于极端，因此被我们忽略。

此外，以社会福利最大化为目标的政府在选择最优改革路径时需要考虑两个因素：改革成功的收益和改革的可持续性。为了使改革的可持续性足够重要，我们引入如下假设：

$$F=-\infty \tag{A2}$$

假设A2意味着改革终止对全社会而言是最差结果，因此政府不愿意冒任何可能使改革终止的风险。实际上，假设A2意味着即使最小范围的成功改革也好于豪赌式的“大爆炸”改革，因此政府的目标也可以被等价地视为改革终止概率最小化，仅会在确定改革成本可负担时才进行改革试验。

一、上游改革

首先考虑上游改革。在上游改革过程中，上游企业0的成本会受到改革的影响。考虑改革成功时的情况，我们有$c_0=c-r$，$c_1=c_2=c$。此时，政府的承担能力g_u为下游两个企业利润之和，社会总福利w_u为三个企业利润之和，即：

$$g_u=\pi_1+\pi_2=\frac{(2-4c+2r)^2}{16}$$

$$w_u = \pi_1 + \pi_2 + \pi_3 = \frac{3(2-4c+2r)^2}{16}$$

类似地，当改革失败时政府的承担能力 g_u' 和社会总福利 w_u' 为：

$$g_u' = \frac{(2-4c-2r)^2}{16}$$

$$w_u' = \frac{3(2-4c-2r)^2}{16}$$

无论改革成功与否，政府需要承担改革的社会成本 B。定义改革继续的概率由函数 μ：$IR^+ \to [0,1]$ 决定，其具体形式为：

$$\mu(g) = \begin{cases} 0, & g < B \\ 1, & g \geqslant B \end{cases}$$

这意味着，如果政府的承担能力大于改革成本，改革才有可能继续。记折现因子为 δ，如果 $\mu(g_u') = 0$，显然社会福利为负无穷；如果 $\mu(g_u') = 1$，期望社会福利 W_u 可以写为：

$$W_u = \theta \frac{w_u}{1-\delta} + (1-\theta)(w_u' + \delta W_u)$$

等号右边第一项为改革成功后的社会福利：改革成功之后，此改革便被一直沿用，因此收益为 $\frac{w_u}{1-\delta}$。第二项为改革失败后的社会福利：改革失败之后，如果政府有能力承担改革成本，那么本期社会福利为 w_u'，并且政府将在下一期继续改革；如果政府没有能力承担改革成本，那么改革结束，所有参与人收益均为 0。重新整理上式可得：

$$W_u = \frac{\theta \frac{w_u}{1-\delta} + (1-\theta) w_u'}{1-(1-\theta)\delta}$$

二、下游改革

在下游改革过程中，政府采取渐进的方式进行改革。考虑第一项改革成功时，政府的承担能力 g_d' 和社会总福利 w_d' 为：

$$g_d' = \pi_0 + \pi_1 = \frac{(2-4c+r)^2}{8} + \frac{(2-4c-r)^2}{32}$$

$$w_d' = \pi_1 + \pi_2 + \pi_3 = \frac{(2-4c+r)^2}{8} + \frac{(2-4c-r)^2 + (2-4c+3r)^2}{32}$$

第一项改革失败时，政府的承担能力 g_d'' 和社会总福利 w_d'' 为：

$$g''_d = \frac{(2-4c-r)^2}{8} + \frac{(2-4c+r)^2}{32}$$

$$w''_d = \frac{(2-4c-r)^2}{8} + \frac{(2-4c+r)^2+(2-4c-3r)^2}{32}$$

在第一项改革成功后，如果第二项改革也成功，那么两项改革全部顺利实现，政府的承担能力 g_d 和社会总福利 w_d 为：

$$g_d = \pi_0 = \frac{(2-4c+2r)^2}{8}$$

$$w_d = \pi_0 + \pi_2 + \pi_3 = \frac{3(2-4c+2r)^2}{16}$$

如果第二项改革失败，政府的承担能力 g'''_d 和社会总福利 w'''_d 为：

$$g'''_d = \pi_0 = \frac{(2-4c)^2}{8}$$

$$w'''_d = \pi_0 + \pi_2 + \pi_3 = \frac{(2-4c)^2}{8} + \frac{(2-4c+4r)^2+(2-4c-4r)^2}{32}$$

为了计算此时的期望社会福利 W_d，首先需要计算一个条件期望社会福利 W'_d，其刻画了一项改革已经成功，另一项改革的正确方式仍未找到时的期望社会福利。如果 $\mu(g'''_d)=1$，那么条件期望社会福利 W'_d 为：

$$W'_d = \theta\frac{w_d}{1-\delta} + (1-\theta)(w'''_d + \delta W'_d)$$

等号右边第一项为两项改革均成功时的收益；第二项为二项改革失败并再次进行试验时的收益。整理得：

$$W'_d = \frac{\theta\frac{w_d}{1-\delta} + (1-\theta)w'''_d}{1-(1-\theta)\delta}$$

现在退回改革初期，考虑两项改革均尚未成功时的情况。假设 $\mu(g''_d)=1$，这意味着在所有改革均未开始时，政府有能力承担社会成本。此时，期望社会福利 W_d 可以写为：

$$W_d = \theta W'_d + (1-\theta)(w''_d + \delta W_d)$$

等号右边第一项为第一项改革成功时的收益；第二项为一项改革失败并再次进行试验时的收益。通过整理可得：

$$W_d = \frac{\theta W'_d + (1-\theta)w''_d}{1-(1-\theta)\delta}$$

第五节　最优改革路径讨论

在假设 A1 和 A2 的基础上，我们可以对不同改革路径进行直接讨论。但是在具体的讨论之前，我们希望再次强调两条改革路径的可比性。回顾上游改革成功时的期望社会福利 w_u 和下游改革成功时的期望社会福利 w_d，我们可以发现 $w_u = w_d$。这也意味着两项改革的最终目标是相同的，区别仅在于改革过程上。如果改革的终点是相同的，那么我们希望从两个方面来比较两个改革过程：对政府承担能力的要求和改革过程的福利。

首先，根据假设 A2，对政府承担能力由改革失败情况下的政府所控制的企业的总利润决定。在给定改革的社会成本的条件下，政府的承担能力越高，改革越有可能被启动。这也意味着，政府的承担能力直接决定了改革启动的可能性。命题 5.1 讨论了上游改革和下游改革对政府承担能力的影响。

命题 5.1　如果采用上游改革，政府的承担能力较低；相反，如果采用下游改革，政府的承担能力较强。这意味着在所有上游改革可行的条件下，下游改革也是可行的；相反，存在下游改革可行但上游改革不可行的情况。

证明：在上游改革中，政府的承担能力为 g_u'。在下游改革中，由于政府需要进行两项改革，如果政府无法承担任意一项改革成本，便会存在改革终止的可能。因此，在下游改革中政府的承担能力由两阶段中较小的政府收益决定，即 $\min(g_d'', g_d''')$。

容易验证，当 $r>0$ 时，$g_d'' > g_u'$ 且 $g_d'' > g_u'$。因此，$\min(g_d'', g_d''') > g_u'$。

可以从两个角度理解命题 5.1 对于改革的含义。如果我们建立一个坐标系，横轴为改革所带来的成本变化幅度，纵轴为社会成本，那么不同改革方案可以表示为此坐标系中的一个点。如果一个改革的社会成本在某种改革路径下是可承担的，那么我们称这个改革在此路径下是可行的。对于每条改革路径而言，所有可行改革组成的区域被称为可行范围。命题 5.1 意味着，上游改革的可行范围小于下游改革的可行范围。从另一个角度看，想象如下经济情形：存在两个完全相同的经济 X 和 Y，唯一的区别在于政府 X 选择了上游改革而政府 Y 选择了下游改革。

假设在开始决策之前，两个政府会被告知相同的改革方案，即潜在成本下降幅度和相应的改革社会成本都相同。两个政府对此项改革进行研究，如果发现此改革是可行的，那么便立即开始改革；如果不可行，则什么也不做，并会在下一期获得一个新的改革方案。命题 5.1 意味着政府 Y 的改革一定不晚于政府 X 开始时间。换句话说，下游改革节约了改革的等待时间。

其次，考察改革启动到改革成功过程的期望社会福利状况。如果一项改革在两条路径下都是可行的，那么，改革启动后对带来期望社会福利更高的改革路径必然更受青睐。由于我们假设此时改革是可行的，那么不同改革路径均不存在改革终止的风险，但是二者实现改革目标的方式却完全不同。一方面，在上游改革中，只要改革成功一次便可以实现改革目标，然而在下游改革中，改革需要成功两次才能实现改革目标，因此下游改革更为渐进而上游改革更为直接。另一方面，在上游改革中，如果改革失败，造成的社会福利损失也更大，而在下游改革中，失败的损失更小，因此下游改革更为稳妥而上游改革更为激进。命题 5.2 便讨论了上游改革和下游改革对改革过程的期望社会福利的影响。

命题 5.2 存在一个临界值，当改革成功的概率大于此临界值时，上游改革过程的期望社会福利更大；当改革成功的概率小于此临界值时，下游改革过程的期望社会福利更大。

证明：为了证明命题 5.2，我们需要计算 $W_u - W_d$。

$$W_u - W_d = \frac{\theta \frac{w_u}{1-\delta} + (1-\theta) w_u'}{1-(1-\theta)\delta} - \frac{\theta W_d' + (1-\theta) w_d''}{1-(1-\theta)\delta}$$

$$= \frac{\theta\left(\frac{w_u}{1-\delta} - W_d'\right) + (1-\theta)(w_u' - w_d'')}{1-(1-\theta)\delta}$$

我们分别讨论分子中的第一项和第二项。第一项后半部分整理可得：

$$\frac{w_u}{1-\delta} - W_d' = \frac{w_u}{1-\delta} - \frac{\theta \frac{w_d}{1-\delta} + (1-\theta) w_d'''}{1-(1-\theta)\delta}$$

$$= \frac{(1-\theta)(w_d - w_d''')}{1-(1-\theta)\delta} > 0$$

其中，第二个等号用到了 $w_u = w_d$ 这个事实。又由于 $w_d'' > w_u'$，第二项小于零。进一步整理可得：

$$\mathbb{W}_u - \mathbb{W}_d = \frac{\dfrac{\theta(1-\theta)(w_d - w'''_d)}{1-(1-\theta)\delta} + (1-\theta)(w'_u - w''_d)}{1-(1-\theta)\delta}$$

$$= \frac{(1-\theta)}{1-(1-\theta)\delta}\left[\frac{\theta(w_d - w'''_d)}{1-(1-\theta)\delta} + (w'_u - w''_d)\right]$$

由于第一项恒为正，$\mathbb{W}_u - \mathbb{W}_d$ 的正负由中括号中两项决定。令其大于等于零，可以解得：

$$\theta \geqslant \frac{(w''_d - w'_u)(1-\delta)}{(w_d - w'''_d) + \delta(w'_u - w''_d)}$$

因此，存在临界值 $\bar{\theta}$，当 $\theta > \bar{\theta}$ 时，上游改革过程中的期望社会福利更大；当 $\theta < \bar{\theta}$ 时，下游改革过程中的期望社会福利更大。

命题5.2说明上游改革仅应在改革方案以较大概率成功时采取。这是因为，当改革成功概率足够低时，改革成功前的试错过程便会较长，此时下游改革相较而言波动更小，造成的福利损失更小，因此更具优势。

结合命题5.1和命题5.2可以发现，更为激进、直接的上游改革仅在成本足够小且改革成功概率足够大时具有优势。这也意味着，面对一个工程量巨大且不甚明确的改革方案时，保证政府对上游的控制反而会更加有利于改革的启动，以及改革过程中社会的期望福利。此时，政府对上游的控制不但不是无效的，反而是对改革的顺利进行提供了可能。第一，国企是改革社会成本的承担者。对上游控制使政府可以承担更大的改革成本，使可行改革的范围更大，并且更易于启动。第二，由于在上游改革时收益和损失都会被放大，对上游的控制使得经济的波动区间更小，起到了缓冲的作用。

此外，由于我们将期望福利定义为所有企业的利润之和，实际上期望福利衡量的也是经济的期望发展水平。这也意味着，下游改革可以使经济更高的发展水平。这一点发现与流行的观点恰好相反。一个广为流传的观点是，改革开放之后经济的发展是由私有经济部门创造的，是“高效”的私有部门对“低效”的国有部门替代的结果，因此为了获得更大的经济成绩，必须进一步收缩国有部门的范围。

反映在本模型中，这种观点认为由于最终的成本消减均是改革后的企业带来的，因此改革的范围越大越好。显然，这种逻辑误解了改革需要解决的核心问题，即怎么改，而不是要不要改。在不知道怎么改的条件下，必须控制一部分为试错提供保障。确实，成功的改革带来了成本消减，进而促进了经济发展。然而最关键的问题是，具体什么措施是成功的事前并不知道。这种逻辑均预设了放开改革一定成功，既低估了改革的复杂度，又低估了改革所需要的成本以及失败的后果。在综合考虑改革的不确定性以及改革成本之后，我们才能正确地认识到对上游企业的控制并非“拖改革后腿”，而正是改革的“有力引擎”和“重要保证”。

第六节　小结：对经济增长的另一种解释

本章的模型强调了改革中的成本和风险，为理解中国经济增长提供了新视角。在现有文献中许多学者在研究中国经济增长问题时隐含地假设了市场制度是无条件最优的，并且向市场制度转型也是无成本的。在这种无风险、无摩擦的条件下，自然也不需要政府或国企承担任何社会成本，改革的目标自然是建立彻底的市场机制，全面放开竞争，并且任何与理想情况下市场机制不符的现状都被认为是经济扭曲。因此，这些学者认为改革期间经济的增长是现实制度不断接近“理想制度”的结果。

本章从事实出发，强调改革过程中政府需要承担大量社会成本，并且最优的制度安排在事前是不确定的。在此基础上，改革的渐进和试错特点便显得尤为重要，只有在不断试错过程中才能找到“最优的”制度安排，保证生产决策权有效地下放给市场主体。同时，在改革过程中，原先由国企承担的社会职能不会凭空消失，在企业实施改革措施之后，政府必须有能力接管，而这也对政府的社会成本承担能力提出了更高的要求。

因此，本章指出了国企对上游产业的控制是经济改革不断进行、经济增长在试错中实现的重要前提。经济的增长不但应归功于成功市场化的企业，也应归功于仍由政府控制并承担了改革成本的国企。后者提升了政府的社会成本承担能力，保证了经济和社会的稳定，是其他企业顺利改革的基础。尤其是在社会成本和改革风险较大时，政府通过控制上游企业，在下游进行改革试错不但有利于拓宽改革的可行范围，使改革易于启动，也有利于减少改革过程中的经济波动，提升社会福利。

第六章

国企与战略协调能力Ⅰ：产业转型

第一节　引　　言

战略协调能力是国家经济能力在经济方面最直接的表现。当市场出现协调失败时，需要政府有目的地对市场进行干预以提升经济绩效，我们将此类干预称为战略协调。政府的战略协调能力高低进而直接体现为其能否有效克服协调失灵。本章和下一章分别从产业升级和新技术投资角度讨论了为什么市场机制会导致协调失败以及政府对国企的控制如何帮助经济克服市场协调失败、提升政府的战略协调能力。

发展中国家经常遇到的问题是产业结构落后，市场力量无法保证新技术自发地被采用。此时，国家的战略协调能力便体现在政府能否引导资源向技术更先进的产业流动，优化产业结构。进入21世纪，中国基本形成了以国家战略和规划为导向的宏观调控体系，其中国有企业是国家战略规划执行的重要手段。

一直以来，经济学学术界对政府干预经济的做法存在很大质疑。自亚当·斯密以来，经济学对自由市场的资源配置效率的论证汗牛充栋，并且以市场机制为核心建立了“华盛顿共识”以指导发展中国家的经济建设。根据此类思路，政府应扮演经济中的“守夜人”角色，并尽量减少人为干预。哈耶克（1937，1945）认为市场机制的有效性表现在它可以在信息零散分布在整个经济中时实现更高的信息利用效率。他指出“需要被利用的知识从来没有以集中和完整的状态存在，而是以零散、不完整且常常以相互冲突的方式存在于不同个体脑中”，政府主导和市场机制“哪个更有效取决于我们可以以哪种方式更有效地利用现有信息”，而市场机制的优势便在于价格信号会自动地引导参与人甚至是无意识地实现信息利用效率，因此“它运行所需的知识更节约，或者说每个参与人仅需极少的知识便可以采取正确的行动”。迈尔森（Myerson，2008）也同样认为一种资源配置手段的效率表现在它能否很好地实现沟通和协调职能。

遗憾的是，拉美国家发展的失败经验以及亚洲国家发展的成功经验似乎都与“华盛顿共识”的预测相悖。从实践上看，发展经济学家罗森斯坦·罗丹和赫希曼认为上述市场主导的经济发展战略过于理想化且脱离实践，发展中国家可以在政府的引导之下更加有效地发展（Rosenstein－Rodan，1943；Hirschman，1958）。林毅夫（2014）也通过回顾历史发现转型成功的国家大多拥有一个有为的政府。从理论上看，当信息、外部性等问题显著存在时，市场失灵也不可避免[①]。

因此，一个值得探讨的问题便是为什么市场机制会遭遇协调失败以及国家战略规划如何帮助经济克服产业结构落后的问题？在明确了上述问题之后，我们进一步讨论了国企在国家战略实施中的作用以及国企如何提升了政府的战略协调能力。需要指出的是，如果政府可以通过国企贯彻经济战略，那么政府和国企实际上便是同一个参与人，因此，在本章和下一章的讨论中，除非有特别区分的必要，我们均将此参与人称为“政府”。

在本章，我们参考罗德里格斯－克莱尔（Rodriguez－Clare，1996），在经济分析中考虑分工带来的效率，如果分工越细，那么生产成本越低。假设经济中存在两种产品，中间产品和最终产品，其中最终产品的生产可以采用两种技术：传统技术和现代技术。使用传统技术生产的企业不需要投入中间产品，而使用现代技术生产的企业需要，并且中间产品的种类越多、分工越细，使用现代技术生产的成本越低。

我们通过研究发现，分工造成的互补性会导致经济存在多均衡，并且两个稳定的均衡可以被帕累托排序。在模型中，产业转型是指从低水平均衡向高水平均衡变迁。如果市场上的企业全部是以利润最大化为目标的私有企业，那么处于低水平均衡的国家无法依靠市场的力量实现产业升级，因此存在协调失败。此时，为了实现产业升级需要政府通过国家战略的方式进行推动，这又要求存在部分企业超越利润最大化动机服从国家战略，拉动整个经济向高水平均衡收敛。本章的分析解释了政府对国有企业的控制如何增加了其战略协调能力，使经济发展可以克服市场协调失败，实现

① 详尽的综述可参见：Vickers，J. and Yarrow，G. Privatization：An Economic Analysis. The MIT Press. 1998.

产业结构升级。

墨菲、施莱弗和维西尼（Murphy，Shleifer and Vishny，1989）、罗德里格斯－克莱尔（1996）和罗德里克（1996）的研究与本章关注的问题非常相关。与本书类似，这三篇文章均采用了竞争均衡的分析框架，分别从需求的互补性、分工和人力资本角度解释了多均衡存在的现象，并且说明不发达国家无法依靠市场自发的力量达到高水平均衡。不过，他们与本书的研究目的却完全不同，墨菲等（1989）从需求溢出、跨期投资的角度解释了多均衡的形成机制以及大推进计划的合理性，罗德里格斯－克莱尔（1996）更关注多重均衡现象如何帮助解释了资本从穷国流向富国的现象，而罗德里克（1996）希望说明投资补贴和最低工资制度为什么可以帮助经济向高水平均衡移动。与他们不同，本章更关注的是政府如何通过国企直接提升产量，带动经济脱离低水平均衡。

本章的结构安排如下。第二节介绍了基本模型框架并描述了经济参与人的决策问题。第三节讨论了经济的不同均衡，并分析经济从低水平均衡向高水平均衡移动的动态过程。第四节结合模型分析结果，对实际的经济发展和产业转型问题进行讨论，解释了国有企业如何保证了发展战略的顺利实施，帮助经济产业转型。第五节对本章进行简要总结。

第二节　基础模型

一、最终产品生产部门

考虑一个小型开放经济，其初始禀赋为固定劳动力规模 L，且劳动力要素是不可贸易的。经济中（部分）企业通过生产一种可贸易的最终产品参与国际竞争。作为价格接受者，此经济体中的最终产品厂商在国际市场上面对一个不变的单位价格 p。不过，最终产品的生产可以采取两种不同的生产技术，一种为传统技术，另一种为现代技术，二者的区别在于，传统技术对中间品的需求量不同。为了使讨论更加清晰，不妨简单假设企业如果采用传统技术可以在当前的禀赋条件下直接开工生产，而如果采用现代技术生产，则不但需要投入劳动，还需要额外投入中间产品 H。从生产效率方面看，由于分工带来的效率，当中间产品分工足够细致时，使用现代技术生产的单位成本会小于传统技术下的单位成本，这一点在后面的讨论中将会体现出来。

需要注意的是，上述设置中的可贸易和“传统—现代”对比可以在更加广泛的范围理解。例如，在中华人民共和国成立初期的特殊背景之下，可以将最终产品理解为国防能力。此时，最终产品并不是真正意义上在国际市场上“销售”的，但是显然，此产品的价值是由其他国家的军事能力所决定，即其定价是由外部不可控制的因素决定，中国对此“价格”的影响能力很小。同时，传统技术可以被看作是立足于目前经济实力制造较为低端的国防体系，现代技术可以被看作是建立在大量重工业基础上但不符合当前经济比较优势的国防体系。林毅夫（1997）、诺顿（2010）等也将后者称为重工业优先发展战略。

因此，此假设的本质是要求最终产品厂商面临的需求是稳定的。以出租车市场为例，传统技术即路边招手即停和电话约车的技术，而现代技术即优步、滴滴等约车软件技术。可以看出，滴滴、优步这些技术能否出现也取决于互联网技术是否成熟、互联网服务运营商是否可以降低流量费用等传统技术所不需要考虑的因素。

正式地，我们假设两种技术分别为如下规模报酬不变的形式：

$$Q_1 = L_1 \tag{6.1}$$

$$Q_2 = L_2^{\delta} H^{1-\delta} \tag{6.2}$$

其中，Q_1、Q_2 分别表示传统技术和现代技术下最终产品的产量，L_1、L_2 分别表示传统技术和现代技术下最终产品生产所使用的劳动投入，H 表示现代技术下最终产品生产所使用中间品投入的有效数量。

通过式（6.1）、式（6.2）可以看出，如果没有厂商使用现代生产技术，那么最终产品的生产对中间品是没有需求的，但是由于两种技术都是规模报酬不变的，此时并不能看出随着中间产品市场的分工情况如何影响现代技术生产的单位成本。因此，我们需要进一步刻画中间产品市场的情况。

二、中间产品生产部门

与最终产品不同，中间产品被假设是不可贸易的。罗德里格斯－克莱尔（1996）认为许多对于生产十分关键的服务都是很难贸易的，例如银行支持、咨询、运输、批发服务和机器修理等。在考虑到运输成本和运输过程中所伴随的风险（例如时间、规格等方面的匹配程度），不可贸易品的范围会更大。波特（Porter，1992）也因此将此类国内供货商的规模作为国家比较优势的决定因素之一。罗德里克（1996）更倾向于将中间产品理解为专业化的工人，他们分别决定是否花费时间和精力去学习某项技术，而劳动力通常被认为是无法大量进口的。

此外，正如罗德里格斯-克莱尔（1996）所指出的，即使略微放松此假设，只要进口成本足够大，依然会出现多均衡问题。进口成本较大的一个重要原因便在于国内可替代的投入品不足导致最终产品生产企业在国际市场议价能力弱。例如黄群慧等（2015）发现，在工业机器人产业，核心零部件主要依赖进口，并且由于这些零部件市场集中度高，国内生产本体的厂商议价能力弱导致采购成本较高。例如减速机采购成本常常是发那科、库卡（KUKA）、安川、艾波比（ABB）等国际巨头采购价格的3~5倍。此外，从技术创新的角度来理解现代化技术，如果现代化技术足够新颖[①]，那么很可能不存在其所需的健全的国际中间品市场。

令当前中间品的类型数[②]为n，各个类型之间是不完全替代的，而且由于分工带来的效率，每类中间产品的生产存在规模效应，即随着产量的增加，单位成本下降。每个企业可以选择自己希望生产的种类和产量来最大化利润。正式地，参考罗德里格斯-克莱尔（1996）的设置，假设每类中间产品的生产需要首先投入1单位劳动作为固定成本，之后每单位产出仅需要一单位劳动投入，因此第i种中间产品生产企业的生产函数可以写作：

$$x_i = L_{x_i}$$

其中，L_{x_i}代表投入在此企业中的劳动力[③]。即对于每个类型的中间产品厂商而言，其平均成本随着产量的增大逐渐趋近于工资水平。

各类型中间产品并不单独投入最终产品生产，而是在最终产品厂商处被重新组合，成为有效数量为H的投入品，其具体组合方式可以用如下CES函数表示：

① 与之相对的是对现有技术的适应性改良，参见：Acemoglu，D.，Aghion，P.，Zilibotti，F.（2006）. Distance to frontier，selection，and economic growth. Journal of the European Economic association，4（1），37-74.

② 我们认为中间产品的种类是可以无限细分下去的，即分工可以无限细化。但是，通过后面的讨论可以看出，对于一个经济而言并不是分工越细越好——均衡时存在确定的种类数n。

③ 这种写法默认了每种中间品只有一个企业进行生产，通过后面的讨论可以发现，中间产品生产企业最大化行为确实会导致每个中间产品只有一个企业生产。

$$H = \left(\sum_{i=1}^{n} x_i^{\alpha}\right)^{\frac{1}{\alpha}}$$

其中，x_i 代表每种类型中间产品的产量，$\alpha \in (0, 1)$ 决定了各种类型之间的替代弹性（$\sigma = 1 - 1/\alpha$）。CES 生产函数使后面的讨论更为简洁明了，因为任何一对中间品种类之间的替代弹性都是相等的，并且其替代弹性既不依赖于这两种中间品的消费量，也不依赖于其他中间产品的消费量。更重要的是，此时中间品种类数本身对于生产就是有意义的。由于中间产品的对称性及其生产的规模报酬递增的特点，在有效生产结果①中，每类中间产品的产量相等，记为 x。同时，记有效生产时中间产品数量之和为 $X = nx$，那么 $H = n^{(1-\alpha)/\alpha}X$，将其代入可得：

$$Q_2 = n^{\phi} L_2^{\delta} X^{1-\delta} \tag{6.3}$$

其中 $\phi = (1-\delta)(1-\alpha)/\alpha$。很明显，随着 n 的增大，使用现代技术生产的生产能力是增加的，即在相同 L_2 和 X 的投入量下，Q_2 随 n 递增。这是因为中间产品之间不是完美替代的，如果种类不够齐全，那么最终产品的生产必须使用更多数量的现有中间产品来弥补缺失的部分，导致生产能力下降。生产函数的此类性质被称为“投入品多样化喜好”（love of variety），最早由斯宾赛（Spence，1976）和迪克西特和斯蒂格利茨（Dixit and Stiglitz，1977）研究，并由埃尔普曼和克鲁格曼（Helpman and Krugman，1985）引入国际贸易分析。

由此可见，分工在此经济中有两个效应：第一，通过中间产品的分工，每种产品享受到了专业化生产带来的效率，进而获得随产量下降的规模报酬；第二，中间产品的分工状况也通过中间产品有效数量直接影响到最终产品的生产成本。

三、生产决策问题

我们首先考虑最终产品生产厂商的生产决策问题。对于使用传统技术的生产厂商而言，影响其生产的仅仅是劳动的价格（工资）w，那么它所考虑的生产问题可以写成如下规划问题②：

$$\max_{L_1, K_1} p \cdot Q_1 - w \cdot L_1$$

① 具体讨论见第三节。

② 由于最终产品的生产都是规模报酬不变的，我们可以将所有使用相同技术的厂商看作一个厂商。

$$s.t.\ Q_1 = L_1$$

显然，此时使用传统技术生产的单位成本 c_1 为：

$$c_1 = w \tag{6.4}$$

如果 $p < c_1$，那么传统企业便会扩张。虽然由于规模报酬不变，劳动的边际生产力是稳定的，但是从后面的讨论可以看出，由于劳动的总量是有限的，扩张会导致其在要素市场在与现代厂商竞争，影响利率和工资水平，进而影响成本，进而引发一系列的动态调整过程。类似的逻辑可以分析 $p > c_1$ 时的情形。

现代技术厂商在考虑生产决策时，由于所有中间产品是以整合的形式进入生产问题的，但是在计算成本时，其价格却是单独计算的。为了统一计算方式，我们使用式（6.3）作为生产函数，并根据中间产品的对称性，假设每个中间产品的价格均为 p_H，那么使用现代技术厂商的决策问题便可以写作：

$$\underset{L_2,K_2,H}{Max}\ p \cdot Q_2 - w \cdot L_2 - p_H \cdot X$$

$$s.t.\ Q_2 = n^{\phi} L_2^{\delta} X^{1-\delta}$$

同样，求解此规划问题我们可以得到使用现代技术生产的单位成本 c_2 为：

$$c_2 = an^{-\phi} w^{\delta} p_H^{1-\delta} \tag{6.5}$$

其中 $a = \delta^{-\delta}(1-\delta)^{-(1-\delta)}$。同样，当 $p < c_2$ 或 $p > c_2$ 时，现代企业也将表现出一系列的动态调整过程。不过需要注意的是，此时 p_H 的具体数值仍然是未定的，而且我们也没有正式证明每个中间产品的价格是否相等。因此，我们接下来将考察现代企业与中间产品生产厂商之间的需求和定价问题。此时，我们首先将各个中间产品生产厂商的价格 p_i 视为给定①。

若现代企业在中间产品购买中所花销的成本为 E。那么，在此花销给定的条件下，为了最大化产量，现代企业对各个种类中间产品的需求 x_i 为如下规划问题的解：

$$\underset{x_1,x_2,\cdots,x_n}{Max}\ Q_2$$

$$s.t.\ E = \sum_{i=1}^{n} p_i \cdot x_i$$

对于任意种类中间产品 i 求得一阶条件：

---

① Dixit, A. K., Stiglitz, J. E. Monopolistic competition and optimum product diversity. The American Economic Review, Vol. 67, No. 3, 1977, pp. 297–308.

$$\frac{(1-\delta)x_i^{-1/\sigma}Q_2}{\sum x_i^\alpha}=\lambda p_i$$

进而解得：

$$x_i = p_i^{-\sigma}\left[\frac{\lambda\sum x_i^\alpha}{(1-\delta)Q_2}\right]^{-\sigma} \tag{6.6}$$

将式（6.6）代入 $E=\sum_{i=1}^{n}p_i\cdot x_i$ 中可得：

$$\left[\frac{\lambda\sum x_i^\alpha}{(1-\delta)Q_2}\right]^{-\sigma}=\frac{E}{\sum_{i=1}^{n}p_i^{i-\sigma}}$$

再将其代入式（6.6）中，即可得到第 i 种中间产品需求函数：

$$x_i=\frac{p_i^{-\sigma}}{\sum_{j=1}^{n}p_j^{1-\sigma}}E$$

因此，各个种类中间产品之间的需求价格弹性为：

$$\sigma+\frac{p_i^{1-\sigma}}{\sum_{j=1}^{n}p_j^{1-\sigma}}(1-\sigma) \tag{6.7}$$

当 n 较大时，式（6.7）的第二项近似为零，一个建模惯例（Helpman and Krugman，1985）是用 σ 来近似各个种类中间产品之间的需求价格弹性，这为考察中间产品生产厂商的决策问题提供了极大的便利。实际上，这个近似是较为合理的，例如当我们把可能的中间产品种类看成地理位置或口味之类的连续变量时，将上式的累加号换为积分号，则可以立刻看出，在连续条件下各个种类中间产品之间的需求价格弹性恰为 σ。

此外，求解上述规划问题还可以发现，利润最大化要求现代企业在各个中间产品类别上所花费的成本相等，即 $p_1x_1=p_2x_2=\cdots=p_nx_n$。这是因为替代弹性恰好等于需求价格弹性。这一结论在后面的讨论中非常有用。

现在考虑中间产品生产厂商的决策问题。我们假设中间产品市场是可以自由进入的，这意味着如果进入是有利可图的，那么便会有新厂商进入。此时需要考虑新进入厂商会生产已有的种类还是新种类。由于现代企业在各个中间产品类别上花费相同，那么如果新进入厂商生产一个已有的种类，那么便与现有厂商形成伯川德竞争，无法获得利润。如果新进入厂商生产一个新种类，那么它便可以分得 E/(n+1) 份额的收入，此时利润有可能是正的。因此，如果新厂商进入则会生产新的种类。这也说明了由于中间产品厂商利润最大化行为，每个种类仅有一个生产厂商，最终会形成垄断竞争的市场结构。

单个厂商的利润最大化决策要求边际成本等于边际收益，即

$$w = p_i \cdot \left(1 - \frac{1}{\sigma}\right)$$

因此解得厂商最大化利润的定价为 $p_i = \frac{w}{\alpha}$。由此可以看出，第一，每个中间产品厂商的定价是相等的，又由于现代企业在各个中间产品类别上花费相同，那么它们的产量也是相等的。这也证明了式（6.3），并且在式（6.5）中 $p_H = p_i = w/\alpha$。第二，当不同种类中间产品之间的替代弹性 σ 较大时，相应的 α 便会接近 1，进而每个种类生产厂商便会收取一个较低的垄断价格；相反，当替代弹性较小时，每个种类的生产厂商便会收取一个较高的垄断价格。特别地，当不同种类中间产品是完全替代时，每个厂商的垄断价格便等于边际成本，即工资。

第三节　均衡分析

一、均衡条件

假设最终产品市场是完全竞争的，那么最终产品生产厂商的单位成本等于国际市场价格。观察式（6.4）和式（6.5）可以发现，现代企业和传统企业生产的单位成本往往不相等，具有成本优势的企业便会占领整个市场。这意味着无论哪种企业占领市场，它都只能赚取零利润。当两种企业成本相同时，完全竞争意味着它们的单位成本均等于国际市场价格。

因此，我们讨论的经济具有以下特点：第一，最终产品市场是完全竞争的，并且面对给定的国际价格；第二，中间产品是自由进入的垄断竞争；第三，要素市场的供给是完全没有弹性的。因此，我们给出均衡的条件为：一是最终产品市场的生产者使用的技术带来最小的单位成本（允许两种技术下的单位成本相同），同时单位成本等于国际市场价格；二是中间产品市场中每个生产厂商均赚取零利润；三是劳动力市场出清。

均衡条件一要求最终产品市场以最有效的方式进行生产，并且厂商均赚取零利润，因此不存在进一步的产量调整；均衡条件二要求中间产品市

场零利润，进而不存在进一步的进入和退出；均衡条件三要求整个经济生产符合初始禀赋状态。

在上述条件下，经济可能存在三种均衡情况：第一，最终产品生产完全使用传统技术，不存在中间产品生产，我们称之为“传统均衡”；第二，最终产品生产完全使用现代技术，存在中间产品生产，我们称之为“现代均衡”；第三，最终产品生产同时使用两种技术，存在中间产品生产，我们称之为“混合均衡”。接下来，我们对上述三种情形逐一讨论。

二、传统均衡

直觉上，当经济处于传统均衡时，由于不存在中间产品市场，因此现代企业无法进行生产，而又由于现代企业产量为零，市场上对中间产品没有需求，最终产品生产企业的最优生产方式即利用传统技术进行生产。我们将基于本模型求出此均衡。在全部三个均衡的讨论中，我们都遵从同样的求解思路：先考虑最终产品市场均衡，再考虑中间产品市场（如果存在的话）均衡，最后考虑要素市场均衡。

由于最终产品市场的完全竞争，使用传统技术生产时的单位成本等于国际市场价格，根据式，这即要求：

$$w = p$$

由于此时市场上仅有传统企业，那么所有的劳动力均按照传统技术生产，即

$$L_1 = L$$

因此，传统企业的产量为：

$$Q_1 = L$$

为了验证此时的经济处于均衡，我们还需要考虑现代企业和中间产品企业的能否在当前工资水平下改变产量并获利。首先，考虑现代企业，根据式（6.5），由于 $n=0$，$n^{-\phi}=\infty$，因此 $c_2=\infty$。这也意味着，如果现代企业开始生产，那么它必然面临亏损，即 $\pi_m<0$。其次，考虑中间产品企业，其利润为：

$$\pi_x = (p_H - w)\frac{X}{n} - w = \left(\frac{w}{\alpha} - w\right)\frac{X}{n} - w \tag{6.8}$$

由于此时不存在现代企业，$X=0$，因此 $\pi_x = -w = -p<0$。

至此，我们验证了在均衡传统均衡下，现代企业和中间产品企业都不

会有动机独自投资扩张。

三、现代均衡

在现代均衡中，由于中间产品市场种类足够多，使现代企业相对于传统企业获得了成本优势，因此可以维持较高的工资水平。首先，考虑最终产品市场均衡意味着现代企业的单位成本等于国际价格。根据式（6.5），有：

$$a\bar{n}^{-\phi}w^{\delta}p_H^{1-\delta}=p \tag{6.9}$$

将 $p_H=w/\alpha$ 代入式（6.9）可得：

$$w=\frac{p\bar{n}^{\phi}\alpha^{1-\delta}}{a}$$

根据式（6.8），中间产品生产企业零利润意味着：

$$X=\bar{n}\frac{\alpha}{1-\alpha}$$

又根据最终产品企业成本最小化行为可以得到：

$$\frac{L_2 w}{Xp_H}=\frac{\delta}{1-\delta}$$

整理得：

$$L_2=\frac{\delta}{\alpha(1-\delta)}X$$

要素市场出清要求 $L_2+X=L-\bar{n}$，将 L_2 和 L_2 的表达式代入 $L_2+X=L-\bar{n}$，化简可得：

$$\bar{n}=L(1-\delta)(1-\alpha)$$

再将其代入 w 可以得到：

$$w=\frac{pL^{\phi}(1-\delta)^{\phi}(1-\alpha)^{\phi}\alpha^{1-\delta}}{a}$$

其次，需要考察传统企业在此工资条件下是否有动机偏离。由于传统企业的线形成生产方式，我们只需考察 w 和 p 之间的大小关系。可以看出，w 和 p 之间的大小是不确定的，因此为了保证均衡存在，我们假设：

$$\frac{pL^{\phi}(1-\delta)^{\phi}(1-\alpha)^{\phi}\alpha^{1-\delta}}{a}>1 \tag{A1}$$

假设 A1 保证了现代技术的可行性，即在当前经济条件所能支持的分工水平下，现代技术可以更加有效。如果 A1 不满足，那么便会导致分工带来的效率无法弥补中间产品生产成本的情况。具体说来可能的原因有两个：第一，此技术不够成熟；第二，国内资源贫乏。前者导致中间产品数目和种类增加带来的规模效应有限，特别体现在 ϕ 过小；后者导致中间产品数量和种类的增加导致生产成本上升过快，特别体现在 L 过小。

当（A1）成立时，传统企业的利润 $\pi_t < 0$，因此它也不会主动提高产量。

四、混合均衡

在混合均衡下，使用两种技术的企业同时存在，并且成本相等。此时，存在相当数量的中间产品生产规模，但是由于所有企业都无法单独改变产量且获利，没有此均衡得以维持。

考虑最终产品市场，由于现代企业和传统企业均存在，此时它们的单位成本相等且等于国家市场价格 p，即：

$$w = p \tag{6.10}$$

$$w = a\underline{n}^{-\phi} w^{\delta} p_H^{1-\delta} \tag{6.11}$$

从式（6.10）、式（6.11）可以直接求出均衡时的 $w = p$ 和 $\underline{n} = a^{1/\phi}\alpha^{(\delta-1)/\phi}$。考虑中间产品市场，零利润要求：

$$X = \underline{n}\frac{\alpha}{1-\alpha} = a^{1/\phi}\frac{\alpha^{(\delta+\phi-1)/\phi}}{1-\alpha}$$

根据现代企业成本最小化行为可得：

$$L_2 = \frac{\delta}{\alpha(1-\delta)}X = a^{1/\phi}\frac{\alpha^{(\delta-1)/\phi}}{1-\alpha}\frac{\delta}{1-\delta}$$

最后根据要素市场出清条件 $L_1 + L_2 + X = L - \underline{n}$，我们可以解出 L_1。

此时，两种最终产品生产企业和所有中间产品生产企业的利润全部为 0。最终产品企业如果扩大产量则会提升工资价格，进而导致自己利润为负，而中间产品企业如果扩大产量则会摊薄每个企业面临的需求，导致平均成本上升，利润为负。

五、均衡动态

本节考虑各个均衡的稳定性问题，即如果当前经济处于非均衡状态，它会如何调整，是否会收敛于或远离其附近的均衡点。回顾在之前的讨论中，我们将混合均衡时的中间产品种类数记为 $\underline{n}$，现代均衡时的中间产品种类数记为 $\bar{n}$。这两个值将 n 的取值范围分为三个区间，我们将分别讨论当 n 处于不同区间时，传统企业、现代企业和中间产品生产厂商共存时的情况。

首先，考虑当 $n\in(0,\ \underline{n})$ 时的情形。此时，根据式可知，$c_1<c_2$。因此，传统企业之间的竞争会使 $c_1=w=p$，那么此时必然有现代企业利润 $\pi_m<0$。因此，现代企业产量会不断减少，与此同时，其对中间产品的需求也不断减少，导致中间产品种类 n 也减小。n 减小后 c_2 进一步增大，加速上述萎缩循环，直至达到 $n=0$ 的传统均衡。

其次，考虑当 $n\in(\underline{n},\ \bar{n})$ 时的情形。此时，根据式可知，$c_1>c_2$。因此，现代企业之间的竞争会使 $c_2=p$，那么此时必然有传统企业利润 $\pi_t<0$。因此，传统企业产量会不断减少，同时释放出新的劳动力资源进入市场，进而促进现代企业产量进一步增大。现代企业产量的增大又拉动了对中间产品的需求，进而推动 n 进一步增大。随着 n 的增大，现代企业的生产成本进一步减小，传统企业加速退出，直至达到 $n=\bar{n}$ 的现代均衡。

最后，考虑当 $n\in(\bar{n},\ L)$ 时的情况①。此时，现代企业的生产成本极低，因此传统企业会逐渐退出市场。当市场上仅存在现代企业和中间产品厂商时，现代企业的生产规模可以用 L_1+X 来衡量。由于 $n>\bar{n}$，此时 $L_1+X<L-\bar{n}$，这也意味着由于现代企业的生产规模不足，每个中间产品厂商面对的需求不足以使其达到零利润。因此，部分中间产品厂商逐渐退出市场，直到达到 $n=\bar{n}$ 的现代均衡。

通过上面的讨论可以发现，在传统均衡和现代均衡附近的非均衡配置会不断朝它们调整接近，而在混合均衡附近的非均衡配置会不断远离它。这也意味着，传统均衡和现代均衡具有局部动态稳定性，而混合均衡不具备此特性。

当 $\delta=0.4$，$\alpha=0.6$，$p=10$，$L=100$ 时，我们可以画出动态示意图 6-1。此图刻画了在给定中间产品种类 n 时，两种类型最终产品企业和中间产品企业的利润（或损失）情况，其中，π_m 线（实线）表示在市场上仅有传统企业时，如果现代企业按照当前工资水平进行生产，每单位产出会带来的损失；π_t 线（虚线）表示在市场上仅有现代企业时，如果传统企业按照当前工资水平进行生产，每单位产出会带来的损失；π_H 线（点线）表示在市场上仅有现代企业时，在现代企业零利润和劳动力市场出清条件下的工资水平时，中间产品生产厂商的利润。两条最终市场企业的利润线相

① 给定目前劳动力禀赋，最多只能建立 L 个中间品种类。

交于混合均衡点，在其左边传统企业占领整个市场，并且获得零利润，在其右边，现代企业占领整个市场，并且获得零利润。

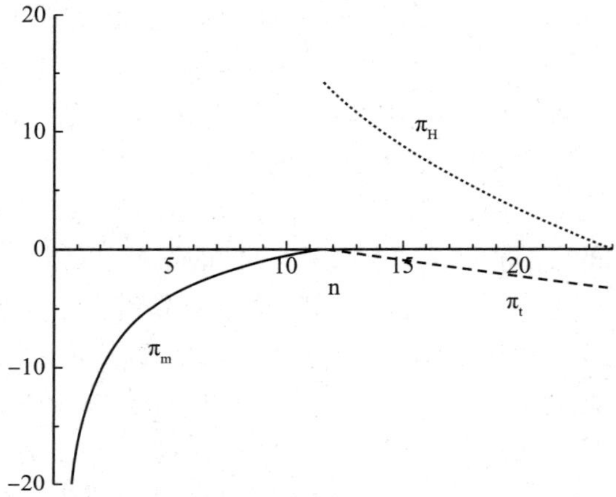

图 6－1　均衡动态

由于 $\pi_t = p - w$，π_t 线实际也刻画了此时均衡工资 w 的变化情况。可以看出，随着 n 的逐渐增大，当市场中仅存在传统企业时（混合均衡点左侧），$w = p$，当市场中仅存在现代企业时，$w > p$。这也意味着，随着分工的细致化，虽然国际市场价格没有变化，但是国内可以维持越来越高的工资水平。再考虑在混合均衡左边时，传统企业仅赚取零利润，而在混合均衡右边时，虽然现代企业赚取零利润，但是中间产品生产厂商具有正利润。因此，从劳动收入、企业利润以及经济总量三个层面来看，传统均衡均劣于现代均衡。同样，从现代企业、传统企业、中间产品生产企业和劳动者这四类参与人的收益角度看，现代均衡也帕累托占优于传统均衡。

图 6－1 的 π_m 线和 π_H 线也可以帮助我们理解经济的整体动态。考虑混合均衡左边的非均衡配置，由于 π_m 为负，现代企业会减产，减少对中间品的需求，从而使 n 下降，因此经济会不断向左运动，直至传统均衡点。考虑混合均衡右边的非均衡配置，由于 π_H 为正，会激励新厂商进入中间产品生产，从而使 n 上升，因此经济会不断向右运动，直至现代均衡点。可以看出，混合均衡附近的轻微扰动就会使经济配置偏离它，向传统均衡或现代均衡运动。

我们将上述分析结果总结为命题 6.1：

命题6.1　假设条件（A1）满足。那么，此经济存在三个均衡，传统均衡、现代均衡和混合均衡。在传统均衡中，全部最终产品企业均采用传统技术进行生产，且不存在中间产品市场；在现代均衡中，全部最终产品企业均采用现代技术进行生产，且均在中间产品市场；在混合均衡中，部分最终产品企业采用传统技术进行生产，部分最终产品企业采用现代技术进行生产，且存在中间产品市场。传统均衡和现代均衡是动态稳定的，混合均衡是动态不稳定的。从福利角度看，现代均衡帕累托占优传统均衡。

在下一节，我们将使用上述命题进行现实分析。

第四节　转型问题讨论

一、大推进与不平衡发展

在新古典增长模型中，市场自发机制会将不发达经济拖出贫困陷阱，但是“二战”后的经验分析发现发达国家与发展中国家的差距往往没有被缩减（Barro，1991；林毅夫，2014）。一个可能的原因即西托夫斯基（1954）所讨论的投资的外部性问题（见第三章的讨论），即有效投资往往需要相互配合。罗森斯坦－罗丹（1943）提出了著名的大推进（big push）理论，强调为了使经济脱离低水平均衡必须要在很多不同领域同时进行配套投资。墨菲等（1989）、罗德里格斯－克莱尔（1996）和Rodrik（1996）分别从需求的互补性、分工和人力资本角度进行了进一步阐释，说明了此时经济可能存在多均衡，而且陷入低水平陷阱的不发达国家无法依靠市场自发的力量达到高水平均衡。

根据这些理论，由于多均衡情形的出现，导致不发达国家即使依赖市场进行资源配置，也无法达到其潜在的效率水平。因此，一个可行的解决方式便是通过同时推进多个互补产业的发展，将经济从低水平陷阱中拉出。例如，在本模型中，如果同时建立足够数量的现代企业和中间产品企业，则由于足够数量的中间产品企业出现，现代企业可以享受获得具有竞争力的低成本，进而获得足够大的市场份额；同时，又由于现代企业市场份额足够大，每个中间产品厂商都可以获得足够水平的需求，进而保证其存活。

在博弈理论层面，由于外部性的存在导致多均衡出现，经济面临协调问题。当经济处于低水平均衡时，由于纳什均衡的特性保证了单个参与人的偏离都无法获得收益，因此任何在个人层面的单独决策行为无法使经济脱离低水平均衡。市场机制下的企业家决策问题便是一个典型的单独决策过程，每个企业家仅仅关注自己的收益，因此，依靠市场机制无法突破低水平均衡。“大推进”理论的实质便是通过协调多个参与人，保证足够数量的参与人同时改变行为，从而使经济完成单独决策所无法实现的效率。这也意味着，此协调者必然考虑的不是当前经济中任何单个参与人的利益，而是整个经济的整体利益，因此往往由政府来担任。因此，此思路实际上同外部性内部化的思路相同，即使通过引入一个关注整体利益的行为人破解纳什均衡的限制。

以罗森斯坦－罗丹为代表的观点被赫希曼（1958）称为“平衡发展战略”。赫希曼认为，此类观点的不现实性在于预设了不发达国家政府进行协调的能力。在不发达国家中，一方面政府的资源动员能力有限，另一方面整个经济中存在的资源总量也有限，很难想象不发达国家可以轻易地完成如此规模庞大的资源和生产协调任务。他认为在现实中，除了自然资源和资本等有形的直接条件以外，还包括公共秩序、法律执行、公共管理甚至价值体系等无形的间接条件，很难期待任何一个低水平国家同时具备如此多的条件。同时，很多上述条件的取得又是依赖于经济发展，因此从这个层面看，大推进战略本身也与经济发展互为前提。这也即是说，大推进战略在解决经济发展中由于发展条件互为前提所导致的低效时，又引进了新的互为前提关系，因此并没有真正解决发展问题的症结。

赫希曼（1958）进一步认为，可以利用产业间的相互联系，进行西托夫斯基所述的可以引致需求的投资来完成“跷跷板式”的增长。在本章的模型框架内，这意味着对通过“外力”介入使得现代企业扩大生产，使中间产品需求扩张，进而增加了中间产品的生产；而中间产品的生产又进一步降低了现代企业的成本，使其进一步扩张。遵照此过程，一项投资会使两个相关联产业不断相互促进，进入上升循环。

二、国有企业和战略协调能力

根据上一节的讨论可以发现，当经济处于低水平均衡时，如果政府不控制任何企业，那么没有一个企业愿意改变自己的产量使经济脱离低水平均衡。如果现代企业①是国企并且政府可以对其产量进行控制，使其服从国家经济战略（无论是大推进还是不平衡发展战略），那么经济便有可能直接或逐渐收敛至高水平均衡。不过，虽然最终都能使经济达到高水平均衡，不同战略要求参与人对市场行为的偏离程度却不同。

大推进战略要求政府（或援助机构）同时控制现代企业和中间产品企业的产量（如国有化），使所有企业的生产行为同时偏离当前市场“最优产量”，以跨过低水平均衡，而不平衡发展战略仅需对现代企业进行控制，仅要求现代企业的生产偏离市场“最优产量”，通过创造出需求引致中间产品企业的生产自发跟上，进入上升循环。显然大推进战略所需的国有化的范围要比不平衡发展战略更为大。

需要指出的是，不平衡发展战略能否有效推行取决于政府能否使国企（现代企业）的生产暂时脱离利润导向，直接将产量提升到一定程度。按照赫希曼的战略意图，我们考虑以下发展战略：政府主导投资建立国有的现代企业，之后中间产品企业根据利润最大化原则自发进入生产。如果政府要求现代企业的产量达到 $\hat{Q}_2 = \hat{L}^{\delta}H^{1-\delta}$，那么现代企业对中间产品产生的引致需求则为 H。又由于 $H = n^{(1-\alpha)/\alpha}X$ 以及中间产品企业零利润条件 $X = n\frac{\alpha}{1-\alpha}$，此时唯一确定了中间产品的种类 $\hat{n}$。回顾命题 6.1 和图 6－1，经济在混合均衡左右两边表现出不同的动态特征。如果 $\hat{Q}_2$ 足够大，保证了 $\hat{n} > \underline{n}$，那么之后的情况正如赫希曼所预料，二者相互促进，不断增大市场份额，帮助经济收敛到高水平均衡。但是如果 $\hat{Q}_2$ 过小，导致 $\hat{n} < \underline{n}$，那么在引致投资完成之后，虽然建立了一定规模的现代企业和中间产品市场，但是二者无法在市场上长期生存，会在竞争中逐渐被淘汰，经济重新收敛回到低水平均衡。此时，虽然存在引致需求，但是经济的发展却向赫希曼料想的相反方向运行，进入一个自我加速的下降循环。总的来说，相比平衡发展战略，赫希曼的不平衡发展战略所要求政府控制的企业数量和范围更小。

通过以上分析可以清楚地看出，在市场机制下，产业升级和经济发展无法自发完成。此时，即使国家有能力作出合理的产业升级和经济发展战略，逐利的企业也不愿单独按照此战略进行生产，因此战略无法有效得到推行。然而，如果部分企业是国有企业，使其生产受到政府的影响而非仅

① 也可以是政府控制中间产品企业，使其生产偏离利润最大化要求。由于两种分析是对称的，我们仅讨论政府控制现代企业的情况。

仅考虑当期利润，那么政府便可以借助国企的力量启动经济转型，使国家发展战略顺利实施。因此，可以发现市场中由政府控制且不完全以利润为导向进行生产的国有企业是政府经济发展战略实施的重要保证，也是政府战略协调能力的基础。

三、信息问题初探

在本章的全部讨论中，我们的隐含假设便是现代技术本身是公共知识，这也意味着我们讨论的是产业升级的路径清晰，只是无法通过市场机制进行执行的问题。更直白的说法是，市场参与人都明白存在多均衡，但是谁也无法通过一己之力使经济脱离低水平均衡达到高水平均衡。那么关键的问题便在于，我们能否保证政府总是对产业升级的路径具有清晰的认识?

哈耶克（1937，1944，1945）对计划经济的核心批判就在于其对信息的利用效率不足，尤其是在现实情况中，信息往往是零散地分布在不同地区和不同人群中。如果此批判成立的话，那么对本章的结论便形成了严峻的挑战，因为我们无法直接假设政府与市场所了解的生产技术是相同的。

对此我们有两点回应：第一，在经济水平较为低下时，尤其是在面临迫切的威胁时，整个社会在整体经济的大方向达成共识的可能性较大。例如中华人民共和国成立初期面临的最大挑战便是来自政治和军事上的，因此发展重工业的重要性显而易见（林毅夫等，1997）；第二，赫希曼（1958，1984）研究发现，落后经济中最显著的问题不在于生产要素的落后，而在于经济参与人决策能力的不足。他在著名的《经济发展战略》中谈到“虽然我们起初对经济发展必需的一系列资源与环境条件是否具备所做的估计并不乐观，但是现在我们发现经济发展一旦开始，那些资源和环境条件，并非太缺乏或太难获得”，“因此，我对落后的判断，就是把所有的‘稀缺’要素归于一种根本性的稀缺……发展决策的数量与速度不足，及发展任务的实施不力”。因此，虽然发达的市场可能具有分散信息处理的能力，但是在不发达国家直接建立市场并幻想市场会自发地为它们带来此类能力是不现实的。赫希曼还转述了人类学家的发现，“按西方标准衡量生活处于‘贫困线’之下的不开化人民，却坚持把他们相当可观的时间、精力以及资源耗费在庆典、馈赠和其他与消费无直接关系的活动上……（人类学家）还注意到富者的奢侈消费、普遍的囤积财富，以及比比皆是的失误和非生产性投资的现象”。在这种条件下，政府可以将核心人才集中在关键领域，对重大决策负责，同时将相对影响较小的决策交给市场。通过这种方式可以逐渐培养出新一代的成熟企业家，并以一种渐进的方式将决策向市场方式转移。

实质上，经济的发展效率来自经济参与人对新知识的发现和利用效率。哈耶克批评的另一个层面便是在于市场对创新的鼓励，他认为如果市场参与人发现了优于当前技术的新技术，那么获利动机便会驱使他使用新技术。这种观点与一般均衡的论断非常相似，隐含的前提是市场可以将整体资源配置决策问题顺利地分解为不相关的个体决策问题，因而忽视了市场在协调多参与人时可能出现的无效率。本章讨论的模型很明显便是一个反例。此时，即使某个参与人发现了新技术 Q_2，且新技术确实从某种意义上优于现有技术 Q_1，但是由于缺乏中间产品厂商的配合，经济仍然会长期停滞在低水平均衡。我们的模型还说明了，即使经济中每一个参与人都了解新技术 Q_2，甚至此信息为共同知识（即我知道，且我知道你知道，且你知道我知道你知道，以此类推均成立），市场机制也无法自发摆脱低水平均衡。这也就是说，市场机制和政府主导作为两种不同的资源配置手段，其与不同类型信息结合之后表现出的效率不同。有些信息在市场机制下可以被有效利用，但是有些信息无法被市场机制有效地利用，只能依赖政府主导的手段。

在本章，我们暂时无法正式地对信息问题进行正式讨论。均衡中的信息问题远比早期经济学家想象中要复杂得多，而对信息问题的正式讨论只有在博弈论理论充分发展的20世纪60年代后期出现。这部分工作融合了经济学、数学以及哲学的多个领域，由海萨尼、布兰登勃格和奥曼（Harsanyi、Brandenburger and Aumann）等博弈论学者完成。具体的讨论可以参见第七章附录。

第五节　小　　结

在外部性存在时，市场机制下的竞争均衡无法保证资源配置的有效性。本章在更为具体的设定下详细考察了此问题。当现代技术的效率发挥需要足够规模的中间产品产业进行支持时，经济便有可能出现多重均衡。一个具有现实意义的情形是，经济当前处于低水平均衡、产业结构落后，而现代技术刻画的是符合其资源禀赋的先进生产方式，那么即使此技术可以带来帕累托改进，仅仅依赖市场机制对资源进行配置经济仍然无法脱离低水平均衡。

此时，由于市场配置的无效性，需要政府对经济进行直接干预。本章在模型分析的基础上，重点讨论了受政府控制且不完全以利润最大化为导向的国有企业如何通过贯彻政府的经济发展战略帮助经济脱离低水平均衡。如果市场上不存在国有企业，那么所有逐利的企业均不愿独自改变生产以帮助经济脱离低水平均衡。然而，如果部分企业是国有企业，由政府进行直接控制，那么甚至不需要控制全部相关企业，政府便可以借助市场的力量推行国家发展战略，顺利实现产业升级和经济发展。

第七章

国企与战略协调能力Ⅱ：不确定条件下的新技术投资

第一节　引　　言

在上一章我们假设产业升级的方向是确定的，政府可以利用国企有效地带动产业升级。对政府主导产业升级的一个常见批评是，产业升级的方向是不确定的，因此主导权应该交给市场。然而，本章分析发现，当产业间互补性强且新产业结构/新技术的收益具有不确定性时，如果政府不干预则会出现有效投资不足的问题，使产业升级的困难更大。对比投资补贴和通过国有企业直接投资两种干预方式可以发现，在解决有效投资不足问题方面国企直接投资比投资补贴更直接有效。这种有效性表现在两个方面：第一，新技术获得投资的可能更大；第二，政府的刺激成本更小。因此，政府通过国企直接投资使政府更容易克服市场协调失败导致的投资不足问题，可以获得更高的战略协调能力。

许多经济学家认为国有企业与政府之间的行政联系先天地不利于培育企业家精神，抑制了新技术的采用。然而，事实证明此结论并不适用于所有的国企，在电网、核电、高铁等很多领域中国企均在新技术研发和使用方面取得了令人瞩目的成绩（中国企业联合会，2014）。国家电网在特高压输电领域引领了全球技术发展，并凭借“特高压交流输电关键技术、成套设备和工程应用”项目获得了国家科学技术进步特等奖。中广核建设的广西防城港核电站实现了国产化率85%，形成了我国百万千瓦级压水堆核电技术品牌——中国改进型压水堆核电技术（CRP1000）。南车集团自主研发了时速300～350公里动车组、CRH380A新一代高速动车组等具有国际先进水平的产品。

以上这几个行业采用的新技术都具协同性强的特点，即技术的研发和使用需要多个企业、研究机构相互配合。例如，中广核 CRP1000 双机组核电项目中，每台机组的建设周期约 64 个月，涉及 380 个系统、500 家设备供应商、3 万多条二级进度。本章希望通过模型分析回答，为什么此类大规模、相互联系且具有风险的技术采用往往需要政府和国企的参与。

本章首先通过一个不完全信息博弈模型证明了如果新技术投资具有协同互补性，那么会出现市场协调失败而导致对新技术有效投资不足的问题，因此需要政府干预以提升有效投资水平。其次，本章进一步对比了政府分别通过补贴和国企直接投资方式克服市场协调失败的不同效果，说明了通过国企直接投资的方式不但更易于克服协调失败，而且可以给政府带来更高的期望收益。因此，在收益不确定的条件下，国企对新技术进行直接投资增加了产业成功升级的可能，因此提升政府产业升级战略的推行能力。

需要再次强调的是，由于我们假设政府可以控制国企使其采取（在给定其他参与人策略条件下）非收益最大化的行为，那么国有企业的行为本质上体现的是政府的目标和能力，因此政府和国企作为经济参与人不能被严格区分。出于这个原因，我们在后文的分析中二者被作为同义词使用。

为了简化分析，我们将技术收益不确定条件下的产业升级问题刻画为如下投资问题。两个投资者考虑合作投资一个项目以提升双方的技术能力，项目需要每人在事前投入一定数额的资金作为启动成本。然而，通过此项目获得的新技术的收益的具有不确定性，即在新技术采用后可能产生收益可能大于投资成本也可能小于投资成本。此外，每个投资者还需考虑配合风险：如果一个投资者投入资金但另一投资者未投入，那么项目失败、新技术无法获得并且投入资金的投资者损失全部投资。每个投资者决策之前可以收到关于市场需求的私人信号。如果“项目可以盈利的概率为1”是共同知识，那么此时考察的情况便类似于第六章现代企业与中间产品厂商的决策问题。当项目的盈利概率仅是私人信息时，我们便面对一个具有投资互补性的不完全信息协调博弈。

与博弈论中高阶信念的划分相对应，可以将项目失败的风险称为一阶风险，将对方可能选择不投资的风险称为二阶风险。显然，一阶风险和二阶风险的来源和影响并不完全相同。一阶风险来自客观情形（需求）的不确定性，而二阶风险来自其他参与人对客观情形判断的不确定性。当参与人的投资是相互替代的关系时，利用私人信息总是占优策略，因此其他人的判断和行为不影响参与人的行为，二阶风险可以被忽略；相反，当参与人之间具有策略互补性时，参与人希望与对方保持一致性，因此必须考虑对方的判断和行为，二阶风险对决策影响显著。本章证明了当投资具有互补性时，有效投资均衡的自发实现需要的信息条件十分苛刻，因此易于因协调失败而导致有效投资不足。

协调失败导致的有效投资不足体现在两个方面：第一，收到高需求信号的投资者选择不投资。由于每个投资者知道，对方仅在收到高需求的信号才有可能投资，但是由于投资者不确定对方的私人信号，进而也不确定对方是否会投资，因此即使每个投资者都收到高需求信号，他们依然可能选择选择不投资。第二，投资无法有效配合。即使收到高需求信号的投资者愿意投资，但是由于对方有可能收到相反的信号，因此无论真实需求如何，项目都会失败，导致投资无效。

博弈论研究者对高阶风险下的决策行为已经取得了许多研究成果，例如电邮博弈（Rubinstein，1989）、信息瀑布（Banerjee，1992；Bikhchandani et al.，1992；Smith and Sørensen，2000）、金融泡沫（Abreu and Brunnermeier，2003）以及货币危机（Morris and Shin，1998）等。在这些研究中，高阶风险均是影响参与人决策的重要因素，甚至会导致参与人主动放弃自己的私人信息而选择明显“次优”的选择。

实际上，这类问题的本质即如何在信息有限的条件下实现有效协调的问题，因此，最有效的解决方案是将私人信息变为公共信息以帮助协调。本模型的关键假设是政府行动具有公开性，因此通过政府直接投资的方式可以极大地缓解投资者所面对的二阶风险，有助于打破投资困局。

本章的安排如下。第二节介绍了基本模型设置。第三节讨论了政府通过创新补贴和通过国企直接投资的方式分别对协调效率的影响。第四节将模型从三个方面进行拓展，考察了政府的行为不再是公共信息时、产业结构包含更多相关产业（协同难度更大）时以及投资具有多种可能（更多潜在的创新方向）时政府通过国企直接投资效率的稳健性。第五节对本章结论进行了简要总结。

第二节　模型设置

一、基准模型

我们假设投资项目的目标是建立一个使用新技术的产业结构①，并且此产业结构包括两个重要的互补产业。只有当两个产业的投资者均选择进行新技术投资时，产业结构被建成，新技术的采用才能带来收益；反之，如果任何一位投资者选择不投资，那么产业结构不完整，新技术无法顺利采用，此时另一位投资者即使选择投资也无法获益②。投资者可能选择不投资的原因在于新技术带来的收益存在风险，可能无法弥补投资成本。本章希望通过模型说明由于产业互补性的存在，新技术收益的风险会被放大以至于导致有效投资不足。

具体而言，假设市场中有两个不同产业的投资者，分别选择对各自产业进行投资（I）或不投资（N）。假设每个产业所需的投资成本均为2。对于每个投资者来说不投资是一个安全的选择，它在任何情况下的收益均为0。如果投资者选择投资，那么其收益取决于两个因素：产业结构是否完整（对方是否投资）和最终产品需求的大小。如果产业结构不完整，那么单独投资的投资者便损失掉全部投资（即收益为-2）；如果产业结构完整，但是最终产品的需求很小，那么投资者也会遭受少量损失（即收益为-1）；如果产业结构完整且需求很大，那么投资者获得正利润（即收益为1）。此投资问题可以用两个收益矩阵来表示，如图7-1所示。

	N	I
N	0，0	0，-2
I	-2，0	1，1

ψ_H

	N	I
N	0，0	0，-2
I	-2，0	-1，-1

ψ_L

图7-1　投资收益支付矩阵

① 可以想象是动车车组或核电站机组的生产产业。

② 这与第六章所考察的情况具有相似性。现代企业和中间产品企业单独进入市场都无法直接盈利，但是当两类企业均达到一定生产规模时，二者均可以利用产业互补性大大节约各自的生产成本获得利润。

当自然状态为 ψ_H 时，最终产品的需求高，因此同时投资将会给每个投资者正收益；反之，当自然状态为 ψ_L 时，最终产品的需求低，同时投资将会给每个投资者负收益。实际上，此模型可以从第六章的模型稍加修改得到。假设传统企业和现代技术企业生产不同的产品，传统企业的产品价格是已知且确定的，而现代企业的产品价格是未知的①。如果现代企业的产品价格高的话，现代企业和中间产品企业将分别获得正利润；如果产品价格低的话，双方均要承担一定损失。投资者可以根据自己的私人信息选择投资传统企业（即本模型的“不投资”行动）获得确定收益0，或者投资现代企业获得不确定的收益。

为了简单起见，不妨假设两个自然状态的先验概率均为1/2。本节考虑以下两种关于需求量的信息状况：公共信号和私人信号。

（一）公共信号情形

在行动前，每个投资者会收到一个关于需求量的公共信号 $\sigma=\{H, L\}$，记收到信号H和L的投资者类型分别为 t_H 和 t_L。假设此信号的精度为 $1-\varepsilon$，即 $Pr(\sigma=H \mid \psi=\psi_H)=Pr(\sigma=L \mid \psi=\psi_L)=1-\varepsilon$，其中 $\varepsilon \in \left[0, \frac{1}{2}\right]$。此时，投资者面临需求的不确定性，且只有此私人信号足够准确时，投资者才愿意投资。可以求得，由于 $\varepsilon \leqslant \frac{1}{2}$，策略（I，N）是一个均衡策略，即投资者会在收到信号H时投资，信号L时不投资。此时，每个投资者的最大②事前期望收益 $R_1=\frac{1}{2}\cdot[(1-\varepsilon)\cdot 1+\varepsilon\cdot(-1)]+\frac{1}{2}\cdot 0=\frac{1}{2}-\varepsilon$。特别地，当 $\varepsilon=0$ 时，博弈退化成了完全信息博弈，即不存在需求不确定性，此时 $R_1=\frac{1}{2}$。

（二）私人信号情形

考虑如下更复杂的情况，每个投资者i会收到一个关于需求量的私人信号 $\sigma_i=\{H, L\}$。仍记收到信号H和L的投资者类型分别为 t_H 和 t_L。假设此信号相互条件独立，且精度仍为 $1-\varepsilon$。此时，投资者不但面临需求

① 也可以理解为生产相同产品，但是现代技术生产的成本参数存在不确定性。

② 注意此时（N，N）也是均衡。“最大”意味着投资者在可能的情况下选择帕累托占优的均衡，即（I，I）。

的不确定性，由于彼此信号独立，还面临协调投资的不确定性。例如，一个投资者观测到了积极的信号 H，但是他仍然需要担心对方收到了什么信号。一个很可能的情形是，每个投资者都观测到了积极的信号，但是由于担心对方收到消极信号，两人都选择了不投资。需要注意的是，此时需求的不确定性和协调投资的不确定性都同时由信号精度决定。当一个投资者收到信号 H 时，他可以同时推断出真实状态是 ψ_H 的概率是 $1-\varepsilon$，同时，对方收到信号 H 的概率是 $(1-\varepsilon)^2+\varepsilon^2$。

记投资者都在收到信号 H 时投资、信号 L 时不投资的策略组合为 s^*。可以求得，当 $\varepsilon \leqslant \frac{3-\sqrt{5}}{4} \approx 0.19$ 时，s^* 是一个均衡。此时，对于每个投资者而言，其信号价值的最大①事前期望收益 $R_2=2\cdot\varepsilon^2-3\cdot\varepsilon+\frac{1}{2}$。同样，当 $\varepsilon=0$ 时，博弈退化成了完全信息博弈，此时 $R_2=\frac{1}{2}$。对比 R_1 和 R_2 可以发现，由于协调不确定性的出现，导致投资的事前最大期望收益随着信号精度下降而更快下降（见图 7－2）。

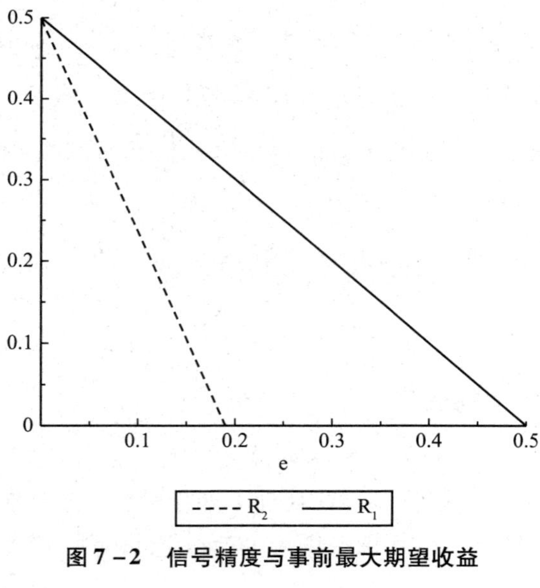

图 7－2　信号精度与事前最大期望收益

① 注意此时（N，N）也是均衡。“最大”意味着投资者在可能的情况下选择帕累托占优的均衡，即（I，I）。

二、投资效率与信息价值

在对比公共信号和私人信号时可以直觉地发现，在私人信号条件下，有效投资更不容易发生。有效投资不足体现在两个方面。第一，收到信号H的投资者不愿投资。为了看出这一点，假设在私人信号和公共信号条件下，投资者的信号精度相同，均为0.8，并且投资者均获得了信号H。这意味着，在私人信号和公共信号条件下，投资者均认为"最终产品需求高"的概率为0.8。但是，只有公共信号条件下的投资者会选择投资，而私人信号条件下的投资者会认为对方收到相反信号的概率太大而不愿投资。如果将公共信号下的投资行为作为基准的话，信号的私人性便导致了投资不足的现象。第二，即使在均衡 s^* 下，也会出现一个投资者收到信号H而另一个收到信号L的情况，导致产业结构不完整并且收到信号H的投资者收益为 -2。两种有效投资不足均导致新技术即使可以盈利也无法被采用。为了考察两种有效投资造成的整体影响，我们在本节引入信息价值的概念。

在之前的分析中，投资者i的信息由其类型 t_i 表示。给定当前的策略组合 s^* 下，投资者i的信息价值 $\mu_i(J, t_i, s)$ 衡量的是投资者根据信息 t_i 为集合J内的投资者指定行动之后所能获得的期望收益增加值①。换句话说，信息价值即是投资者在"最理想情况"下的收益增加值。所谓"最理想情况"意思是如果他可以保证J中其他投资者按照自己的意志行事时的情况，因此信息价值体现的是重新协调自己和他人行为之后可以获得的额外收益，也即是客观上可以实现但是在当前策略组合下无法实现的收益。

我们进一步根据集合J的大小将信息价值分为两类：独立价值和协同价值。信息具有独立价值是指，获得此信息的投资者仅需改变自身策略即可提高自己的期望收益，即 $\mu_i(\{i\}, t_i, s)>0$；信息具有协同价值是指，获得此信息的投资者需要改变全部两个投资者策略才可提高自己的期望收益，即 $\mu_i(\{1, 2\}, t_i, s)>0$。如果信息的独立价值为0，这意味着在当前策略组合下，投资者无法通过改变自己策略的方式获益；如果信息的协同价值为0，这意味着在当前策略组合下，投资者无法通过改变任何人的策略使自己获益，即他已经获得了信息所指示的最大潜在收益。

---

① 对信息价值严格的数学定义参见附录A。

在给定策略组合下，信息价值越低，说明当前策略组合无法实现的信息价值越少，因此信息利用效率越高。对于投资者 i 而言，如果 $\forall t_i \in T_i$ 均有 $\mu_i(\{i\}, t_i, s)=0$，则我们称在 s 下投资者 i 信息的独立价值被实现；如果 $\forall t_i \in T_i$ 均有 $\mu_i(\{1, 2\}, t_i, s)=0$，则我们称在 s 下投资者 i 信息的全部协同价值被实现。

借助信息价值概念我们便可以对投资不足进行正式刻画。为了看出这一点，我们分别对公共信号和私人信号情形下的信息价值进行计算。

在公共信号情况下，记所有投资者都会选择不投资的策略组合为 s。收到信号 L 选择不投资显然独立价值和协同价值均为 0，是对信息的有效利用，因此在后面也不做更多讨论。更值得关注的是投资者收到信号 H 时，即投资者类型为 t_H 时，其选择是否可以实现信息价值。因此，在本章“信息价值”仅指代信号 H 的信息价值。

由于投资者 i 可以收到精度为 $1-\varepsilon$ 的信号，此信息的独立价值 $\mu_i(\{i\}, t_H, s)=0$，协同价值 $\mu_i(\{1, 2\}, t_H, s)=1-\varepsilon$。这意味着在 s 下，投资者信息的独立价值被实现，但是协同价值并没有被实现。

回忆所有投资者都在收到信号 H 时投资、信号 L 时不投资的策略组合被记为 s^*。此时对于投资者 i 而言，信息的独立价值 $\mu_i(\{i\}, t_H, s^*)=0$，协同价值 $\mu_i(\{1, 2\}, t_H, s^*)=0$。这意味着在 s^* 下，投资者信息的独立价值和协同价值均被实现。由于在策略 s^* 下，收到信号 H 的投资者会选择投资，因此可以称 s^* 为积极投资策略；相反，称 s 为消极投资策略。然而，并不是所有的积极投资策略均可以实现信息全部价值。下面我们讨论一个在积极投资策略下，信息协同价值仍然无法完全实现的情况。

在私人信号条件下，首先 s^* 可能不是一个均衡，这意味着无论私人信号如何，投资者均不会投资。容易证明，此时信息的独立价值 $\mu_i(\{i\}, t_H, s)=0$，协同价值 $\mu_i(\{1, 2\}, t_H, s)=1-\varepsilon$。其次，即使 s^* 是一个均衡，对于投资者 i 而言信息的独立价值 $\mu_i(\{i\}, t_H, s^*)=0$，协同价值 $\mu_i(\{1, 2\}, t_H, s^*)=-4\varepsilon^2+5\varepsilon \geqslant 0$。这意味着，此时投资者没有完全实现信息价值。这是因为，由于 σ_i 是私人信号，存在一个投资者收到 H 但另一个投资者收到 L 的情况，此时投资无法有效配合，无论真实自然状态如何，选择 I 的投资者都会遭受损失。这便是协调不确定性对投资有效性的影响，此影响被信息价值准确地捕捉。

简而言之，在公共信号的基准情况下，投资者的投资行为被有效协调，这表现为只要投资者发现投资客观上有利可图，便会进行投资。从信息价值的角度看，此时存在一个均衡使得每个投资者信息的独立价值和协同价值全部为0。而在私人信号的情况下，存在协调失败的情况使投资者的有效投资不足。此时，要么积极投资策略不是均衡，要么在积极投资策略下投资者信息的协同价值仍然大于0。因此，信息协同价值越大，说明有效投资越不足，协调失败越严重。在后面对不同干预方式效果的讨论中，信息协同价值的大小是一个重要的评价标准。

三、正式模型：局部私人信号

需求不确定性来自投资者对需求的不准确判断，而协调不确定性来自投资者对其他人判断的不准确判断。类比博弈论中高阶信念的概念，我们可以称需求不确定性为一阶不确定性，而协调不确定性为二阶不确定性。在共同先验假设（common prior assumption）下，若不存在其他不确定性来源，后者由前者决定。

信号的可得性是一个直接影响二阶不确定性的因素。如果每个投资者获得私人信号的概率为 $p_1 \in [0, 1)$，那么无论投资者是否获得了私人信号，p_1 都不影响他对需求量的判断，但是会影响他对其他人的判断（是否收到信号以及收到什么信号）的判断。我们称此情况为局部私人信号以区分于上节讨论的普遍私人信号的情形。引入信号可得性的原因在于信号可得性不影响一阶风险，仅仅影响二阶风险，因此刻画的是协同的复杂度。在给定 ε 的条件下，p_1 越大，有效的创新投资越难自发协调。

我们仍然假设需求量大（即自然状态 $\psi = \psi_H$）的先验概率为 $p_0 = \frac{1}{2}$，且在行动前，每个投资者 i 会以 $p_1 \in [0, 1)$ 的概率收到一个关于需求量的信号 $\sigma_i = \{H, L\}$，精度为 $1 - \varepsilon$。也就是说，此时投资者有三种可能的信息类型，“没有收到信号”“收到信号 L”和“收到信号 H”。我们称 p_1 为信号普及度，ε 为信号误差。博弈的行动顺序如图 7－3 所示。

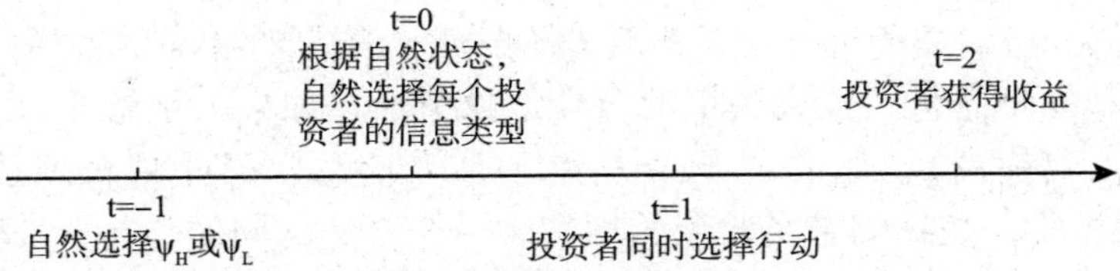

图 7－3　投资者行动顺序

在图7－3中，每个投资者所面临的不确定性可以被直观地区分为需求不确定性（自然在 $t=-1$ 时的选择，由信号误差反映）和协调不确定性（自然在 $t=0$ 时的选择，由信号普及度反映）。如果将没有收到信号的投资者称为“无知投资者”，将收到信号的投资者称为“专业投资者”，那么专业投资者在进行投资选择时不但要考虑产业本身是否有盈利潜质，还要考虑无知投资者的行为对其收益的影响。换句话说，来自产业的风险和来自其他投资者的投资环境风险都会影响专业投资者的投资行为。当产业风险极低但投资环境风险较高时，有效投资仍然无法进行。

从高阶信念的角度看，投资不足的原因是博弈决策中一阶信息（私人信息 σ_i）对决策的影响十分有限。由于信号的普及程度有限，专业投资者并不知道别人是否也收到了类似的信号，因此无法有效地进行高阶推理。在这种情况下，由于对方很有可能没有收到信号，那么即使私人信号的精度很高，收到积极信号的专业投资者也不愿意投资。类似的由于高阶推理上的困难导致的无效均衡很常见，例如电邮博弈（Rubinstein，1989）、信息瀑布（Banerjee，1992；Bikhchandani et al.，1992；Smith and Sørensen，2000）、金融泡沫（Abreu and Brunnermeier，2003）以及货币危机（Morris and Shin，1998）等。在上述交互决策（interactive decision）环境中，策略之间的互补性极大地放大了高阶不确定性对决策的影响。

本模型将帮助我们研究私人信息和公共信息的精确度，即 ε 和 p_1，对投资效率的影响。简单说来，ε 主要影响投资者自己的判断，而 p_1 主要影响投资者对别人判断的判断。

四、均衡分析

投资人有三个可能类型，无信号、收到信号H和收到信号L，分别记为 t_0、t_H 和 t_L。将投资行为记为I，不投资记为N。记策略 $s^0=(N|t_0;I|t_H;N|t_L)$，即只有类型 t_H 的投资者选择投资。记策略 $s^1=(N|t_0;N|t_H;N|t_L)$，即所有投资者都不选择投资。策略 s^0 和 s^1 刻画的是投资者利用私人信息进行投资决策的两种常见情形。如果 ε 足够小（即私人信号精度足够高），那么 s^1 充分利用了私人信息，因此是合理的均衡，而 s^0 则相反，是我们希望避免的均衡。一个自然的问题便是，ε 和 p_1 如何影响对均衡行为？即什么时候 s^1 是均衡策略，什么时候仅有 s^0 是均

衡策略①。命题7.1便回答了这个问题。

命题7.1 当 $p_1 \geqslant \frac{2}{4 \cdot \varepsilon^2 - 6 \cdot \varepsilon + 3}$ 时，s^1 是贝叶斯纳什均衡；当 $p_1 < \frac{2}{4 \cdot \varepsilon^2 - 6 \cdot \varepsilon + 3}$ 时，s^0 是唯一贝叶斯纳什均衡②。

证明：首先容易验证，对于类型 t_0 和 t_L 的投资者而言，N是占优策略。因此，全部可能的均衡只有 s^0 和 s^1。同时，又由于 s^0 和 s^1 仅在投资者类型是 t_H 是行为不同。因此我们将类型 t_H 的投资者选择N和I的收益分别简单记为 $u(N \mid t_H)$ 和 $u(I \mid t_H)$。

显然 $u(N \mid t_H) = 0$，因此仅需考虑 t_H 投资者选择I时的收益。由于他的私人信号为H，根据贝叶斯公式，他对真实状态为 s_H 的推断为：

$$\Pr(\psi = \psi_H \mid \sigma = H) = \frac{\Pr(\sigma = H \mid \psi = \psi_H) p_0}{\Pr(\sigma = H \mid \psi = \psi_H) p_0 + \Pr(\sigma = H \mid \psi = \psi_L)(1 - p_0)} = 1 - \varepsilon$$

类似地，$\Pr(\psi = \psi_L \mid \sigma = H) = \varepsilon$。当其他类型投资者都选择N时，类型 t_H 的投资者选择I的收益为：

$$\begin{aligned} u(I \mid t_H) &= (1 - \varepsilon) \cdot [p_1 \cdot (1 - \varepsilon) + p_1 \cdot \varepsilon \cdot (-2) + (1 - p_1) \cdot (-2)] \\ &\quad + \varepsilon \cdot [p_1 \cdot (1 - \varepsilon) \cdot (-2) + p_1 \cdot \varepsilon \cdot (-1) + (1 - p_1) \cdot (-2)] \\ &= (4\varepsilon^2 - 6\varepsilon + 3) p_1 - 2 \end{aligned}$$

因此，当 $u(I \mid t_H) \geqslant u(N \mid t_H)$ 时，即 $p_1 \geqslant \frac{2}{4\varepsilon^2 - 6\varepsilon + 3}$ 时，类型 t_H 的投资者会选择I；反之，选择N。

由于 $\frac{2}{4\varepsilon^2 - 6\varepsilon + 3}$ 在 $\varepsilon \in [0, 0.5]$ 区间上是单调递增的，命题7.1意味着给定信号普及度，信号误差越小，收到积极信号的决策者越容易选择投资；同样，给定信号误差，信号普及度越高，收到积极信号的决策者越容易选择投资。反之亦然。换句话说，命题7.1意味着，为了实现积极投资均衡，更低的信号普及度要求更苛刻的信号精度；反之亦然。

在局部私人信号的条件下，当 $p_1 \geqslant \frac{2}{4\varepsilon^2 - 6\varepsilon + 3}$ 时，事前的投资收益为 $R_3 = 2\varepsilon^2 p_1^2 - 3\varepsilon p_1^2 + \frac{3}{2} p_1^2 - p_1$。图7-4对比公共信号、普遍私人信号和局

① 由于此博弈是对称的，我们将均衡（s^1，s^1）和（s^0，s^0）分别简写为 s^1 和 s^0。

② 本书仅考虑纯策略均衡。

部私人信号三种情况下 t_H 投资者选择投资的条件范围。

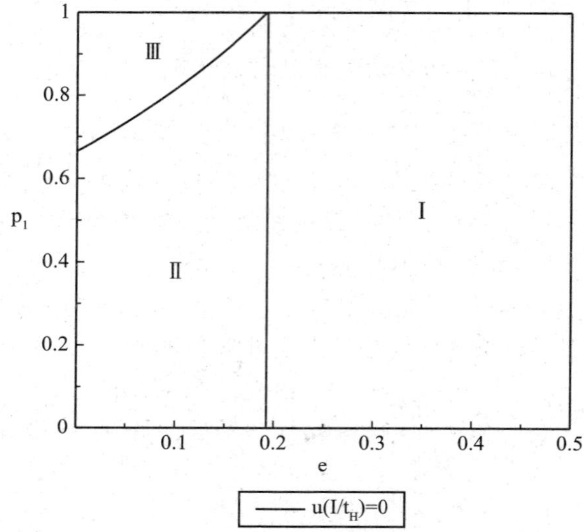

图 7－4　有效投资区间

在公共信号下，积极投资可以发生在全部三个区域；在普遍私人信号下，积极投资可以发生在Ⅱ和Ⅲ两个区域；在局部私人信号下，积极投资只能发生在区域Ⅲ。区域Ⅰ可以被理解为由于信号精度不足带来的协调风险而导致的效率损失，区域Ⅱ可以被理解为由于信号普遍程度不足带来的协调风险而导致的效率损失。

可以看到，当信号从公共信号变为局部私人信号时，导致了两个效应。第一，可利用的有效投资机会显著变小。注意如下两种极端的私人信号失效情形：当信号普及度小于 2/3 时，即使信号误差为 0，t_H 投资者依然不会选择Ⅰ；当信号误差超过$\frac{3-\sqrt{5}}{4}$时，即使信号的普及度为 1，t_H 投资者依然不会选择Ⅰ。

第二，即使 s^1 是贝叶斯纳什均衡，无法实现的信息协同价值也变大了。可以验证，在 s^1 下信息协同价值 $\mu_i(\{1, 2\}, t_H, s^1) = 3 - \varepsilon - (4\varepsilon^2 - 6\varepsilon + 3)p_1 \geqslant 0$，即无法完全实现协同价值。实际上，只要存在协调风险，就无法实现信息的协同价值。

第三节　政府干预分析

一、备选解决措施

市场经济的一个特点便是个体的独立性和广泛参与性，因此参与者所面临的情况更类似于局部私人信号情况。正如上节所示，此时很有可能产生低效的投资结果，因此可以考虑利用政府干预的方式克服此类市场失灵。

政府可以考虑三种可能措施：改善信息质量、投资补贴和直接投资。改善信息质量是指政府对信息精度和信息普及程度两个方面进行改善，进而保证有效投资可以顺利进行；投资补贴是指政府对产业投资进行各种方式的补贴，降低投资成本提高投资收益，使投资者更有动力进行投资；直接投资是指政府通过国有企业直接作为市场参与者公开对特定产业进行投资，从而消减其他投资者面临的协调风险，引致有效投资。

上述三种常见措施分别从不同方面入手解决协调风险所带来的效率损失，其中改善信息质量长期解决方案，而后两种是短期解决方案。这是因为如果可以将信号精度和信号普及度的问题解决，那么市场自发的投资行为便是有效的，进而可以在长期解决此问题。相反，投资补贴和国企直接投资都只是暂时克服了当前的投资困难，如果再次出现类似情况，投资效率依然无法得到改善，那么需要再次干预。

从问题解决的长久性考虑，改善信息质量是更可行的方案。然而，本章更多关注后两个短期解决方案。这是基于以下考虑。首先，相对于改善信息质量，投资补贴和国企直接投资都是投资小见效快的解决方案。例如，如果模型中的信号机制理解为个人的判断能力，那么可以将局部私人信号理解为专业投资者具备专业知识，可以形成较为准确的判断，而无知投资者没有专业知识，只能根据以往经验进行推断。在这种情况下，改善信息质量具体便指提升教育水平，而且既包括专业人士的知识水平（信号精度)，也包括全社会的整体教育水平（信号普及程度)。这毫无疑问是极其有利的，但是也是一个投入巨大且见效极慢的工程。其次，上述投资低效问题往往发生在发展中国家中，其特点便是可利用资源有限，无法很好地改善信息质量。发展中国家政府采用信息提供的解决方案便会遇到一个悖论：解决可用资源不足问题要求更多的有效投资，而刺激有效投资需要解决信息问题，但是解决信息问题又需要大量资源。由于此“鸡生蛋、蛋生鸡”的悖论导致发展中国家长期无法走出低水平、低效率投资的困境。为了打破低效循环，著名发展经济学家赫希曼（1958）提出了“不均衡发展”的思路，要求政府对经济活动的直接（投资）和间接（补贴）参与。补贴和国企直接投资作为政府影响经济最常见的两种方式，在经济发展初期是最为切实有效的启动器（林毅夫，2014）。

二、补贴

在对比补贴和国企直接投资时，我们考察在同样条件下引致积极投资策略所需的最小政府投入量。对补贴的影响的分析较为简单，只是在原模型基础上进行的比较静态分析。但是在正式分析之前，需要考虑补贴的具体方式：为了提升积极投资率，政府需要对两个产业进行同时补贴还是对其中任意一个产业补贴即可？引理 7.1 告诉我们只对单一产业进行补贴是无效的，因此必须同时补贴两个产业。

引理 7.1　对单一产业进行投资补贴不影响投资者的策略。

证明：不妨假设政府只对其中一个产业（记为第一环节产业）进行投资补贴，补贴量为 x。记收到信号 H 的第一环节投资者选择 I 收益为 u_1，收到信号 H 的第一环节投资者选择 I 的收益为 u_2。那么贝叶斯纳什均衡 s^1 要求 $u_1 \geqslant 0$ 且 $u_2 \geqslant 0$，即

$$\begin{aligned} u_1 &= (1-\varepsilon)\cdot[p_1\cdot(1-\varepsilon)(1+x)+p_1\cdot\varepsilon\cdot(x-2)+(1-p_1)\cdot(x-2)] \\ &\quad +\varepsilon\cdot[p_1\cdot(1-\varepsilon)\cdot(x-2)+p_1\cdot\varepsilon\cdot(x-1)+(1-p_1)\cdot(x-2)] \\ &= 4\varepsilon^2p_1-6\varepsilon p_1+3p_1+x-2\geqslant 0 \end{aligned}$$

$$\begin{aligned} u_2 &= (1-\varepsilon)\cdot[p_1\cdot(1-\varepsilon)+p_1\cdot\varepsilon\cdot(-2)+(1-p_1)\cdot(-2)] \\ &\quad +\varepsilon\cdot[p_1\cdot(1-\varepsilon)\cdot(-2)+p_1\cdot\varepsilon\cdot(-1)+(1-p_1)\cdot(-2)] \\ &= 4\varepsilon^2p_1-6\varepsilon p_1+3p_1+x-2\geqslant 0 \end{aligned}$$

化简可得，$p_1 \geqslant \dfrac{2}{4\varepsilon^2-6\varepsilon+3}$，与未补贴时条件相同。

单一产业投资补贴无效的原因在于这种补贴仅仅缓解了需求风险，而并没有影响协调风险。引理 7.1 很好地展示了本章所关注核心问题是协调风险而非需求风险，因此投资效率的改善必须以缓解协调风险为前提。具体说

来，补贴仅仅影响投资者的投资收益但是不影响投资者收到信号的可能性。未受补贴的投资者在收到信号 H 之后，他仅仅关注对手收到 H 的概率有多大，而非对手投资的收益有多大。由于对手收到 H 的概率没变，未受补贴投资者所面临的决策问题便与之前相同（即 u_2 所刻画的情形），因此他的投资行为不会发生变化。知道这一点，受到补贴的投资者的行为也不会改变。

在引理 7.1 的证明中我们发现决定均衡策略的是未被补贴的投资者，因为投资的互补性导致单独的投资无法获得正收益。换句话说，整体的投资效率由最不吸引投资的产业决定，此时投资效率表现为“短板效应”。这意味着，最有效的补贴方式不仅应是同时补贴两个产业，而且还应制造相同的投资吸引力。因此，在命题 7.2 中，我们将考察政府对两个产业投资同时补贴 x 的情形。

命题 7.2 当 $x \geqslant -4\varepsilon^2 p_1 + 6\varepsilon p_1 - 3p_1 + 2$ 时，s^1 是贝叶斯纳什均衡。

证明：与引理 7.1 证明相同，略。

为了理解命题 7.2，我们建立如下推论 7.1。

推论 7.1 令 $\underline{x} = -4\varepsilon^2 p_1 + 6\varepsilon p_1 - 3p_1 + 2$。当 $p_1 \geqslant \dfrac{2}{4\varepsilon^2 - 6\varepsilon + 3}$ 时，$\underline{x} \geqslant 0$。此外，当 $\varepsilon \in [0, 0.5]$，$p_1 \in [0, 1]$，$x = \underline{x}$ 时，s^1 是贝叶斯纳什均衡，且每个投资者的最大事前期望收益为 $R_s = 0$，政府的期望刺激成本 $C = p_1 x$。

推论 7.1 说明了两点。第一，当市场无法自发地进行积极投资时，政府必须对每个产业进行补贴以引致投资，即政府要承担正的刺激成本。第二，在补贴后，每个投资者的最大事前期望收益仍为 0。换句话说，通过补贴刺激投资造成了社会整体净损失。这是因为投资无效率的原因在于协调风险，通过补贴的方式仅仅缓解了需求风险，并且实际上是将协调风险转移给了政府，成为政府的刺激成本。因此，通过补贴刺激投资无非是扬汤止沸，不能治其根本。

考察此时投资者 i 的信息利用情况可以发现，$\mu_i(\{1, 2\}, t_H, s^1) = 1-\varepsilon$。回忆在策略 s 下，即无论收到什么信号都不投资的策略，信息协同价值 $\mu_i(\{1, 2\}, t_H, s) = 1-\varepsilon$。这就意味着虽然补贴使投资者采用了积极投资策略，但是对他们实现信息价值没有任何帮助。此时，在积极投资均衡下投资者对信息利用极其没有效率。

三、通过国企直接投资

当政府通过国企直接投资时便成了博弈参与人之一。为了刻画直接投资的影响。我们需要对模型进行一些修改。首先，我们假设政府与一般市场投资者一样，以 p_1 的概率获得相同精度的私人信号 σ_g。其次，由于博弈的对称性，不妨假设政府只对第一环节产业进行直接投资。最后，政府作为一个特殊的行为主体，其与一般投资者的区别在于社会对其行为的关注度很高，因此我们将政府通过国企进行的投资的行为抽象为公共知识（在第四节会对此假设进行放松）。基于此，我们将博弈行动顺序进行修改，如图 7－5 所示。

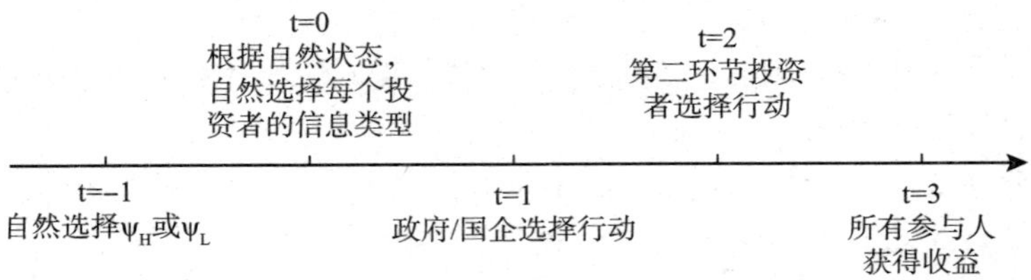

图 7－5　国企参与条件下投资行动顺序

修改后的模型信息结构发生变化，因此需要重新定义所有参与人的类型和策略。此时，政府有三个类型，没有信号、信号为 H 和信号为 L，分别记为 t_0^g、t_H^g 和 t_L^g；第二环节投资者由于可以观察到政府的行为，因此有六个类型，例如观察到政府没有投资且没有私人信号的类型记为 t_{N0}。类似地将其余类型记为 t_{NH}、t_{NL}、t_{I0}、t_{IH} 和 t_{IL}。记政府的积极投资策略 $s^g = (N \mid t_0^g;\ I \mid t_H^g;\ N \mid t_L^g)$，即政府仅在收到积极信号时投资；记投资者的积极投资策略 $s^i = (N \mid t_{N0},\ t_{NH},\ t_{NL};\ I \mid t_{I0},\ t_{IH},\ t_{IL})$，即无论私人信号如何，投资者仅在观察到政府投资后进行投资。

命题 7.3　在政府考虑通过国企直接投资时，在任意 $\varepsilon \in [0,\ 0.5]$，$p_1 \in [0,\ 1]$ 下，$(s^g,\ s^i)$ 都是贝叶斯纳什均衡①。

证明：容易验证，当政府选择 N 时，投资者的最优反应永远是 N，因

---

① 需要注意的是，在一定条件下，$((N \mid t_0^g;\ I \mid t_H^g;\ N \mid t_L^g),\ (N \mid t_{N0},\ t_{NH},\ t_{NL},\ t_{IL};\ I \mid t_{I0},\ t_{IH}))$ 也是均衡。在此均衡下，如果投资者观测到信号 L 且政府选择投资，投资者将不会选择配合投资。此均衡也较为合理，并且在先验概率 $p_0 < \frac{1}{2}$ 时是最有效的均衡。基于以下两点考虑，本书并未对此均衡进行正式分析。首先，对此均衡的分析与对 $(s^g,\ s^i)$ 的分析思路相同，但是在数学讨论上更为复杂，因此为了行文方便，选择 $(s^g,\ s^i)$。其次，本书希望考虑的是不同措施的最大可能效果，因此选择 $(s^g,\ s^i)$。不过仍需强调的是，这两个均衡的存在性与先验概率 p_0 有关。

此类型 t_{N0}、t_{NH}和 t_{NL}的投资者会选择 N。

当政府选择 I 且投资者私人信号为 H 时，投资者选择 I 的收益为 $\frac{(1-\varepsilon)^2}{(1-\varepsilon)^2+\varepsilon^2}-\frac{\varepsilon^2}{(1-\varepsilon)^2+\varepsilon^2}=\frac{1-2\varepsilon}{(1-\varepsilon)^2+\varepsilon^2}\geqslant 0$，因此投资者 t_{IH}选择 I 是最优反应。类似地，可以验证 t_{I0}和 t_{IL}选择 I 也是最优反应。

基于此考虑政府的选择问题。记政府的收益函数为 u_g。当政府的私人信号为 H 时，政府 t_H^g 选择 I 的收益为 $(1-\varepsilon)-\varepsilon=1-2\varepsilon\geqslant 0$。类似地，可以验证 t_0^g 和 t_L^g 选择 N 也是最优反应。

为了理解命题 7.3，建立推论 7.2。

推论 7.2　在政府通过国企直接投资的均衡 (s^g, s^i) 下，政府和投资者的事前期望收益均为 $R_i=\frac{1}{2}p_1(1-2\varepsilon)>0$。

命题 7.3 意味着当政府根据自己私人信号进行直接投资时，积极投资均衡 $\bar{s}=(s^g, s^i)$ 总是可以实现。推论 7.2 意味着，此时，政府和投资者的事前期望收益均为正。与补贴相对，直接投资此时不但使投资效率提高，而且政府不但不用承担刺激成本，还会有正的期望收益。换句话说，通过政府直接投资引致社会投资带来了社会整体净收益。这是因为政府的投资行为作为公共信号缓解了协调风险，进而使积极投资可以顺利进行。需要注意的是，由于直接投资的卓越效果实际上来自社会对政府的高关注度，因此其他高关注度的行为主体，例如知名企业，也可以利用直接投资产生刺激效果。

考察此时政府和投资者的信息利用情况可以发现，$\mu_g(\{1, 2\}, t_H^g, \bar{s})=0$，$\mu(\{1, 2\}, t, \bar{s})=0$，$\forall t\in\{t_{N0}, t_{NH}, t_{NL}, t_{I0}, t_{IH}, t_{IL}\}$。这意味着，不仅政府可以通过直接投资获得正的期望收益，而且所有参与人均完全实现了各自信息的协同价值。此时，在积极投资均衡下参与人对信息利用非常有效率，不存在有效投资不足的问题。

四、对比补贴与国企直接投资

显然，无论从信息利用效率角度还是政府期望收益角度，直接投资均更优。但是我们还可以更进一步考察补贴与直接投资之间的量化关系：达到同样的投资效果，直接投资等价于多少补贴？也就是说，可以参照补贴成本对政府直接投资行为进行估值。具体地，在给定信号精度和信号普及程度条件下，直接投资的价值 V 可以由以下公式进行计算：

$$V = 直接投资期望收益 + 补贴刺激期望成本 = R_i + C$$

在引致积极投资过程中，补贴措施需要政府投入刺激成本。相反，直接投资不但节省了刺激成本，其本身还有正期望收益，因此对政府而言，其价值应该是这两部分之和。根据推论 7.1 和推论 7.2 可以直接得到以下推论。

推论 7.3 当 $p_1 \leqslant \frac{2}{4\varepsilon^2 - 6\varepsilon + 3}$ 时，政府直接投资的价值：

$$V = \frac{5}{2}p_1 - p_1\varepsilon - 4\varepsilon^2 p_1^2 + 6\varepsilon p_1^2 - 3p_1^2 > 0。$$

根据推论 7.3 说明当存在投资不足时，政府直接投资的价值为正，即此时政府直接投资比补贴更有效。V 与 ε 和 p_1 之间的关系如图 7－6 所示。可以看出，信号精度越低时，政府直接投资的价值越大。当 $\varepsilon = 0.5$ 和 $p_1 = 1$ 时，V 取得最大值 1。

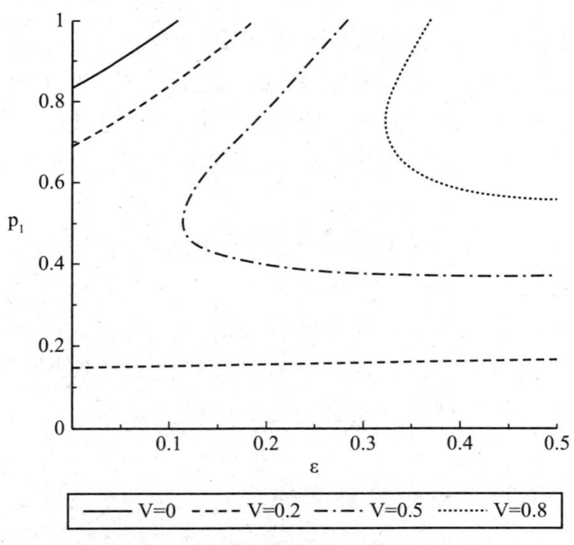

图 7－6　政府通过国企直接投资价值

通过图 7－6 可以发现，信号精度越低，政府直接投资的价值越高。但是回顾推论 7.2 可以发现，政府的事前期望收益 R_i 与信号精度正相关。

这是因为当信号精度越高时，虽然 R_i 有所增加，但是 C 下降得更多，导致二者之间的差异变小。同时，推论 7.2 说明政府的事前期望收益 R_i 与信号普及程度正相关，但是推论 7.3 说明直接投资价值与信号普及度的关系不是单调的。这是因为政府补贴成本与信号普及度的关系不是单调的：当信号普及度高时，投资者收到积极信号的可能性较大，但是所需的补贴额 $\underline{x}$较小，反之亦然，因此最大值在中间取得。总的来说，信息普及度越高和信息精度越低（图 7－6 右上角区域）时，选择直接投资越有价值。

需要指出的是，V 和 R_i 分别从两个不同的角度对政府直接投资的有效性进行衡量，二者的区别在于关注点不同。V 衡量的是直接投资相比补贴的优势，而 R_i 关注的是直接投资与不干预之间的权衡。因此，选取哪个指标取决于政府面临的具体选择情形。

根据新古典经济学的理论，补贴政策（类似于庇古税）被看成是解决投资外部性问题的有效手段，其有效性不仅仅来自对外部性的内部化，还来自其对市场机制的影响较小，避免了政府的直接干预扭曲激励。然而，通过本节的讨论可以清楚地看到，在协调风险显著的情形下，不仅补贴成本极大，而且刺激效果有限。相反，此时政府对市场的直接参与反而使信息的利用效率增加，有效地提升了投资效率。这种政府干预不但没有刺激成本，反而会带来额外收益。因此，一方面，本节的结果可以被看作是对市场全能理论的质疑，另一方面，也可以为中国发展经验的总结提出新的视角。

第四节　模型拓展

本节从三个方面对模型进行拓展，进一步衡量政府直接投资对投资效率的影响。首先，在讨论政府直接投资时，我们假设政府的行为是公共信息，在本节我们将讨论政府行为以一定概率被其他投资者观测到时的情况。其次，在正式模型的讨论中我们只考虑了包含两个相关产业的产业结构，在本节我们将讨论多个相关产业时更复杂的情况。最后，在正式模型的讨论中我们只考虑了两种可能的产业结构，在本节我们讨论多种可能产业结构存在时的协调问题。

一、有限影响的政府

仍考虑包含两个相关产业的产业结构且政府先行动，但是政府的行为

仅概率 $p_g \in [0, 1]$ 被投资者观察到。借助此设定，之前的分析可以看成 p_g 取极端值时的情况：当 $p_g = 1$ 时，政府的行为便是公共信息；当 $p_g = 0$ 时，政府便成为一般投资者。当 $p_g \in (0, 1)$ 时，投资者的信息介于二者之间，因此一个自然的猜想便是，此时其期望收益也介于二者之间，即高于局部私人信号时的情况但低于政府直接投资时的情况。命题7.4证实了上述猜想。在展示命题7.4之前，需要注意由于政府的行动有可能不可观测，因此投资者的类型变为了九种。除了第三节考虑的六种外，还要考虑投资者没有观察到政府行为的三种类型，即 t_{00}、t_{0H} 和 t_{0L}。

结合本章第三节的讨论，我们希望投资者在两种条件下选择投资。第一，没有观测到政府行为，但是收到了私人信息 H（类似局部私人信息情况）；第二，观测到政府选择投资（类似政府行为完全信息情况）。这即要求 t_{I0}、t_{IH}、t_{IL} 和 t_{0H} 的投资者选择投资。记此时的策略组合为 $\hat{s} = (s^g, s^{i*})$。命题7.4考察了此时所有参与人的期望收益。

命题7.4 令 $\underline{p} = \dfrac{4\varepsilon^2 p_1 - 6\varepsilon p_1 + 3p_1 - 2}{4\varepsilon^2 p_1 - 6\varepsilon p_1 + 2\varepsilon + 3p_1 - 3}$。在政府行为不完全信息条件下，如果 $p_g \geqslant \underline{p}$，则 $\hat{s}$ 是贝叶斯纳什均衡。在此均衡下，政府和投资者的事前期望收益 $R_i^* = -3\varepsilon p_1 p_g + \dfrac{3}{2} p_1 p_g + 2\varepsilon p_1 - p_1$。

证明：证明思路类似于命题7.3的证明，只需额外考虑投资者以概率 p_g 观测到政府行动这一条件。此时，类型 t_H^g 的政府选择 I 的收益为：

$$\begin{aligned} u_1^g = &(1-\varepsilon)[p_g + (1-p_g)p_1(1-\varepsilon) + (-2)(1-p_g)(1-(1-\varepsilon)p_1)] \\ &+ \varepsilon[(-1)p_g + (-1)(1-p_g)p_1\varepsilon + (-2)(1-p_g)(1-\varepsilon p_1)] \end{aligned}$$

均衡要求 $u_1^g \geqslant 0$，解之可得 $p_g \geqslant \underline{p}$。同理可以验证其余类型的最优策略。

命题7.4包括了两部分。第一部分讨论了均衡实现的条件。当 $p_g = 1$ 时，$p_g \geqslant \underline{p}$ 等价于要求 $\varepsilon \leqslant \dfrac{1}{2}$，即与命题7.3的条件相同；当 $p_g = 0$ 时，$p_g \geqslant \underline{p}$ 等价于要求 $p_1 \geqslant \dfrac{2}{4 \cdot \varepsilon^2 - 6 \cdot \varepsilon + 3}$，即与命题7.1的条件相同。换句话说，随着 p_g 的增大，均衡成立的条件越来越宽松。第二部分讨论了均衡条件下各参与人的事前期望收益。同样，局部私人信号和政府行动公共信息的直接投资时的收益分别对应 p_g 的两个极端取值，并且各参与人的事前期望收益也应随着 p_g 的增大而增大。

在局部私人信号条件下，阻碍有效投资的仅仅是协调风险。因此，无论政府的行动以多大概率被观测到，它都为投资者提供了额外的协调信息，从而缓解了协调风险，使投资者和政府的期望收益均得到改善。换句话说，政府直接投资的有效性并不依赖与政府行为是公共知识这一假设。只要政府行为比一般投资者行为更易于被其他投资者观测到，直接投资就可以有效地缓解由协调风险带来的投资不足问题。实际上，协调风险并非只能由政府进行缓解，只要投资主体的受关注度足够高，例如知名企业，其投资行为也可以引致相关配套投资。

二、复杂产业结构

本节考虑更加苛刻的协调要求。考虑存在 n 个关联产业的产业结构 n 个投资者的博弈。类似地，仍然假设只有在全部投资者都选择投资时，产业结构才被建立；只要有一个人没有选择投资，其他投资者的投资额全部无法收回。产业结构建立之后，每个投资者的收益取决于最终产品的需求量。每个投资者在决策前可以观测到局部私人信号。

由于投资涉及的产业变多，协调上的困难加大，因此我们从直觉上猜测此时投资不足现象更为严重。此时，一个自然的猜想便是政府直接投资的效果会更加明显。命题 7.5 证实了上述猜想。参照命题 7.3 的设定，仍然记政府的积极投资策略为 s^g，投资者 j 的积极投资策略为 s_j^i。

命题 7.5　令 $\underline{x}_n = 2-3p_1^{n-1}(1-\varepsilon)^n - p_1^{n-1}\varepsilon^n$。在考虑政府补贴时，在 $x_n \geqslant \underline{x}_n$ 下，s^1 是贝叶斯纳什均衡。在考虑政府直接投资时，在任意 $\varepsilon\in[0, 0.5]$，$p_1\in[0, 1]$ 下，$(s^g, s_1^i, s_2^i, \cdots, s_{n-1}^i)$ 都是贝叶斯纳什均衡。

证明：考虑补贴时的情况。由于此时需要协调的投资者人数变多，在均衡 s^1 下，成功协调的投资仅在所有投资者的私人信号均为 H 时出现。此时，均衡 s^1 要求每个观测到私人信号 H 的投资者选择 I，即：

$$(1-\varepsilon)\cdot[p_1^{n-1}(1-\varepsilon)^{n-1}(1+x)+(1-p_1^{n-1}\cdot(1-\varepsilon)^{n-1})(x-2)]$$
$$+\varepsilon\cdot[p_1^{n-1}\varepsilon^{n-1}(x-1)+(1-p_1^{n-1}\varepsilon^{n-1})(x-2)]\geqslant 0$$

解之可得，$x_n \geqslant \underline{x}_n$。同理可以验证其他类型投资者的最优策略。

考虑政府直接投资时的情况。虽然投资者的信息状态存在不确定性，但是他们都可以同时观测到政府的行动，因此仍然可以形成有效协调。此时，均衡 $(s^g, s_1^i, s_2^i, \cdots, s_{n-1}^i)$ 要求观测到私人信号 H 的政府选择 I，即：

$$(1-\varepsilon)\cdot 1+\varepsilon\cdot(-1)\geqslant 0$$

上式在 $\varepsilon\in[0, 0.5]$ 的条件下恒成立。同理可以验证其他类型投资者的最优策略。

通过命题7.5可以看出，多产业条件下，由于政府直接投资可以直接消除协调风险，因此依然可以有效地引致投资。相反，随着协调风险变大，政府有效补贴的最低数额 $\underline{x}_n$ 却呈指数增长。换句话说，政府直接投资的优势在复杂产业结构的情况下依然稳健，甚至更为突出。此时，政府的补贴期望刺激成本为 $p_1\underline{x}_n$，并且随n的增大呈指数增长，而直接投资的期望收益仍是 $\frac{1}{2}p_1(1-2\varepsilon)$，并且与产业数量n无关。因此，不但直接投资的刺激效果是稳健的，其带来的期望收益也是稳健的。

为了看出产业数量n对积极投资均衡实现的影响，图7-7展示了不同信息普及度 p_1 的条件下，积极投资自发发生的最大允许信号误差 ε 的取值。可以发现，即使信号普及度为1，且信号误差仅为0.1时，只能支持最多包含3个产业的产业结构自发形成；当信号普及度为0.8，信号误差仅为0.1时，便无法支持包含2个以上产业的产业结构的自发形成了。由此可见，在产业数量较多的产业结构中，要在市场机制下自发地出现对信号的要求十分苛刻，此时，利用政府直接投资的方式吸引配套投资更加有效。

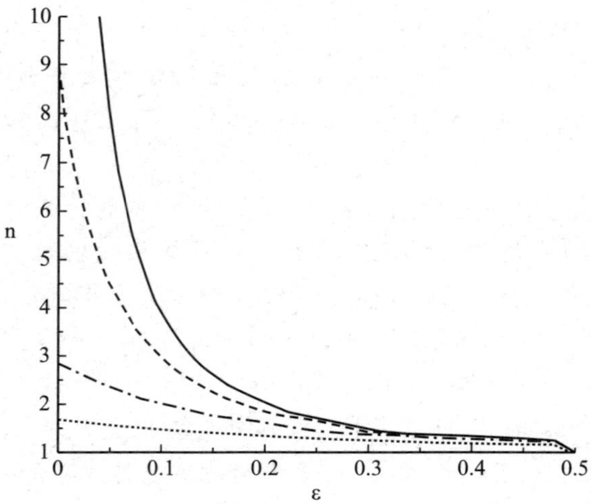

图7-7　产业数量与最大允许信号误差

三、多种投资可能

在正式模型中我们仅考虑了一种收益未知的产业结构，所有投资者面临的投资问题为是否对此产业结构进行投资。更现实的情况是投资者面临的投资问题更为复杂，他们即使决定投资，具体的投资方式也往往存在多种可能。换句话说，产业升级的方向可能具有多样性。为了方便表述，我们将上述情况视为存在多种最终产品，每种最终产品生产都需要一条由相互配合的产业组成的产业结构，不同投资方式即为投资不同产业结构中的产业。投资者由于个人知识和经历不同，他们对不同产业结构的了解情况也可能不同。此时，信息情况更为复杂。

从模型角度讲，当存在 m 种投资可能时，投资者的行动集合变为 $\{N, I_1, I_2, \cdots, I_m\}$，自然状态也扩展为 2^m 个，对应不同投资可能的收益情况。为了简单起见，我们令决策者的效用函数仍然符合之前的特性，即如果两个投资者同时投资一个产业且需求水平高，则每个人的收益为1，如果需求水平低，则每个人收益为 -1；如果两个投资人均选择投资了不同的产业，那么此时每个决策者便损失掉全部投资（即收益为 -2）；任何选择不投资的投资者收益为0。

投资者的信息仍然由信号表示。每种自然状态的先验概率为 $p_0 = \frac{1}{2^m}$，且在行动前，每个投资者 i 会以 $p_{1j} \in [0, 1)$ 的概率收到一个关于第 j 种产品的需求量信号 $\sigma_{ij} = \{H, L\}$，精度为 $1-\varepsilon$。我们假设获得每种产品需求信号的概率相同，即 $p_{11} = p_{12} = \cdots = p_{1m} = p$，且 $p_1 = mp < 1$。

此时我们可以计算，对于投资者 1 而言，如果他收到私人信号 $\sigma_{1j} = H$，那么他判断投资者 2 收到相同信号的概率为$\frac{p}{2}$，因此在 p_1 给定的条件下，随着 m 的增大，协调风险更加严重。同时，由于对方不投资和对方投资与自己不匹配对投资者的收益影响相同，因此，对于每个投资者而言，m 种投资可能的情况从收益上等价于两种投资可能但是投资者获得信号概率 $p_1' = \frac{p_1}{m} = p$ 时的情况。

多种投资可能下的政府直接投资和补贴之间的对比可以利用推论 7.3 直接得出。此时由于协调风险更大，政府直接投资的作用也更加明显，其有效范围也更大。

第五节　小　结

一、投资互补性与信息利用效率

信息利用效率是支持市场机制有效性的核心论点，而本章恰是从信息利用效率的角度说明了市场机制的局限性，进而解释了政府投资的有效性以及社会“潜在投资能力”的来源。首先，根据本章的模型，哈耶克对市场的信息利用效率的判断不适用于互补性投资和局部私人信息情形。如果投资是替代性的，那么信息更多的投资者将会获得更高的收益，且其收益与其他投资者的信息水平无关，因此市场的信息利用是有效的，哈耶克论断依然成立。相反，在本章所关注的互补性投资情形中，投资者不但要判断投资本身的潜在收益，还要关注其他人对此投资的判断，其他人对他判断的判断，等等。换句话说，此时投资者不仅仅面临投资不确定性，还面临更高阶信念的不确定性。此时，决策者面临的信息问题更为复杂，微小的高阶信息变化便会对市场的信息利用效率产生巨大影响，此时投资效率无法实现。哈耶克论断不再成立。

其次，不均衡发展中的政府直接投资所解决的正是哈耶克所关注的信息问题。在互补性投资情形中，真正阻碍有效投资发生的是高阶信息的缺失（即协调风险）。政府投资行为的高关注度恰恰为市场提供有效的高阶信息来促使有效投资的自发出现，这即是赫希曼所描述的“潜在投资能力”。在发展中国家中，由于经济基础较差，很多产业的发展必须依赖于其他配套投资，导致投资的互补性是常态，因此政府的直接投资产生了很好的效果。简而言之，哈耶克与赫希曼的理论实际上反映了不同资源组织手段在不同信息条件下的不同信息利用效率：市场机制在替代性投资的独立价值信息条件下的信息利用效率更高，但是在协同价值信息条件下，政府直接投资对信息的利用效率更高。

二、国有企业对产业结构调整的作用

对政府主导产业升级的一个常见质疑是产业升级的方向具有不确定

性，政府很难在事前明确地知道产业升级的正确方向，因此应该交给市场来完成。然而本章的研究却支持了相反的观点。我们发现，当产业间互补性强且新产业结构/新技术的收益具有不确定性时，依靠市场机制下以收益最大化为目标的企业无法实现有效投资。这是因为由于投资互补性的存在，企业在进行投资决策时不但要考虑新技术本身是否有需求，还要考虑相关投资者是否会进行配套性投资，使产业结构完整。后一种考虑会放大技术本身的不确定性的影响，导致企业投资者无法进行有效投资。具体表现为：第一，投资者即使知道市场对新技术、新产品的需求较大，也有可能因为担心产业结构不完整而放弃投资；第二，由于企业之间私人信号相互独立，因此会导致所有投资者同时选择对新技术投资的可能变小，即易于产生由于产业结构不完整而导致新技术无法顺利采用的后果。

此时，由于政府行动的一定公开性，通过国企进行直接投资可以提升有效投资水平，帮助经济克服投资协调困难的问题。此外，国企直接投资的有效性还体现在比间接补贴更能提升信息利用效率和有效投资水平。因此，政府通过对国有企业的控制可以更好地协调对于新技术的投资并减小刺激成本，进而提升战略协调能力。

本章附录

本附录在信念空间模型基础上对信息价值进行了严格定义。首先，我们介绍信念空间模型；其次，我们在信念空间模型上重新定义了不完全信息博弈；最后，我们对信息价值进行了严格定义。

一、不完全信息与信念空间

在正式介绍信念空间模型之前，首先需要区分博弈中的外生不确定性和内生不确定性概念。在博弈中，一个参与人的收益（或偏好）由两部分因素所决定：外生的客观情况和内生的全部参与人的行为。例如，考虑一个创新项目，其收益既由项目本身的难度（外生因素）决定，也由项目参与者的努力程度、投资者的资金支持等决策主体的行为（内生因素）决定。后者之所以被称为内生，是因为参与人的行为很大程度上是由决策者根据外生因素所选择的结果，而对于每个参与人而言其他参与人采取什么行动是不确定的，因此称之为内生不确定性。豪尔绍尼（1967；1968a，b）的卓越贡献在于将所有的内生因素以“类型”的形式刻画，因此不完全信息博弈可以被看作是自然先行动，为所有参与人选择一个类型。在此框架中，每个参与人的类型是私人信息，与其将采取的行动直接相关。在豪尔绍尼博弈中，所有人的类型通过一个共同的概率分布联系在一起，进而可以通过贝叶斯公式进行全部高阶推理。

在博弈论中，对类型的刻画存在两条文献路径，贝叶斯均衡（Bayesian equilibrium）框架和认知博弈（epistemic game theory）框架（Brandenburger，2010）。认知博弈框架直接将类型与策略不确定性（strategic uncertainty）相联系，即在每个参与人的类型确定之后，他们的策略也同时被自然确定了。此时，由于参与人策略是被自然选定的，因此可能不符合其效用最大化标准，进而不是“理性”的。认知博弈便基于此研究在什么样的理性信息假设之下（理性是共同知识还是共有知识）和什么样的效用信息之下可以达成纳什均衡（Aumann and Brandenburger，1995；Aumann，1987；Brandenburger，2008；Brandenburger，2010；等）。贝叶斯均衡框架将所有的不确定性（包括策略不确定性和效用不确定性）全部以效用不确定性（即外生不确定性）的方式进行表达[①]，进而每个参与人的类型实际上均是对实际效用矩阵（效用函数）和其他参与人信念的信念（Mertens and Zamir，1985；Zamir，2009；Maschler et al.，2013；等）。这两种框架具有不同的优势，在认知博弈框架下，我们可以方便地讨论理性问题，而在贝叶斯均衡框架下我们可以方便地讨论参与人对效用函数（自然状态）的信念问题。由于本书更关注效用函数相关的讨论而非理性相关的讨论，我们采用贝叶斯均衡的框架进行分析。

在贝叶斯均衡框架中，一个自然状态（state of nature）确定了所有与效用相关的外生变量，而在一个世界状态（state of the world）中，不但自然状态被确定，所有参与人的（所有阶）信念也被确定。因此，当世界状态给定时，所有与博弈相关的信息全部确定。

在信念空间模型中，我们记全部可能自然状态的集合为 Ψ，全部可能世界状态的集合为 Ω，并且记真实世界状态为 $\omega^* \in \Omega$[②]。信念空间模型描

① 策略不确定性体现为不知道哪个策略给对方更高的效用，参见：Harsanyi，J. C. Games with Incomplete Information Played by “Bayesian” Players，Ⅰ－Ⅲ Part I. The Basic Model. Management Science，Vol. 14，No. 2，1967，pp. 159－182.

② 为了简便起见，我们假设这两个集合都是有限的。实际上信念空间并不需要它们是有限的，只需要它们是可测的。

述的情形是真实世界状态为 ω^*，但是参与人 i 可能不知道哪个世界状态是真实世界状态，仅仅相信（即信念）真实世界状态的分布为 π_i，此分布即是参与人 i 的类型。根据默腾斯和扎米尔（Mertens and Zamir，1985），我们正式地定义信念空间如下：

定义 1　令 I 为参与人集合，Ψ 为可能自然状态的集合。参与人 I 在可能自然状态集合 Ψ 下的信念空间是一个有序向量（ordered vector）$\prod = (\Omega, \eta, (\pi_i)_{i \in I})$，其中：

- Ω 是全部可能世界状态的集合；
- $\eta: \Psi \to \Omega$ 是一个函数，它为每一个世界状态指定了一个自然状态；
- 对任何参与人 $i \in I$，函数 $\pi_i: \Omega \to \Delta(\Omega)$，它为每个世界状态指定了一个世界状态集合上的分布。记参与人 i 在世界状态 ω 下认为事件 E 的可能性为 $\pi_i(E \mid \omega)$，那么我们要求任何参与人在任何世界状态下的信念都是合理的，即

$$\pi_i(\{\omega' \in \Omega: \pi_i(\omega') = \pi_i(\omega)\} \mid \omega) = 1, \ \forall i \in I, \ \forall \omega \in \Omega。$$

通过上述定义可以看出，一个信念空间的最核心要素是世界状态集合 Ω，因此我们也将信念空间 $\prod$ 简写为信念空间 Ω。需要注意的是，在信念空间模型中，参与人 i 的类型集合由他的信念函数 π_i 决定，因此对参与人信念的合理性要求即是说在任何世界状态下，参与人都知道自己的类型。为了理解信念空间如何刻画了所有高阶信念，考虑如下例子①。

例 1　令参与人集合 $I = \{1, 2\}$，自然状态集合 $S = \{s_1, s_2\}$。考虑信念空间 $\Omega = \{\omega_1, \omega_2, \omega_3\}$，如表 7-1 所示。

表 7-1　信息空间：高阶概念

Ω	η	π_1	π_2
ω_1	ψ_1	$\left[\frac{2}{3}\omega_1, \frac{1}{3}\omega_2\right]$	$[1\omega_1]$
ω_2	ψ_1	$\left[\frac{2}{3}\omega_1, \frac{1}{3}\omega_2\right]$	$\left[\frac{1}{2}\omega_2, \frac{1}{2}\omega_3\right]$
ω_3	ψ_2	$[1\omega_3]$	$\left[\frac{1}{2}\omega_2, \frac{1}{2}\omega_3\right]$

① 资料来源：Maschler, M., Eilon Solan, and Shmuel Zamir. Game theory, Cambridge University Press, 2013.

不同的世界状态在上表第一栏的不同行出现，第二栏刻画的是对应每一个世界状态下的自然状态，而第三、第四栏刻画的是在此时每个参与人的信念。

为了看出此时的高阶信念问题，假设真实世界状态为 ω_1。那么参与人 1 认为有 2/3 可能真实世界状态为 ω_1，1/3 可能真实世界状态为 ω_2，参与人 2 认为真实世界状态就是 ω_1。更高阶的信念也可以依此获得：根据参与人 1 的信念，他认为有 2/3 可能参与人 2 认为真实世界状态就是 ω_1，1/3 可能参与人 2 认为有 1/2 可能真实世界状态为 ω_2，1/2 可能真实世界状态为 ω_3；而由于参与人 2 认为真实世界状态就是 ω_1，那么他也"知道"参与人 1 是如上猜测他的信念的。以此类推，所有高阶信念可以被表示出来。

参与人 1 的类型有两个$\left\{\left[\frac{2}{3}\omega_1, \frac{1}{3}\omega_2\right], [1\omega_3]\right\}$，参与人 2 的类型也有两个$\left\{[1\omega_1], \left[\frac{1}{2}\omega_2, \frac{1}{2}\omega_3\right]\right\}$。基于参与人的类型空间，此模型可以描述非常复杂的信息情况。例如，当真实世界状态为 ω_1 时，参与人 1 和参与人 2 都知道真实自然状态为 ψ_1，但是参与人 1 不知道参与人 2 知不知道真实自然状态是 ψ_1。这也意味着参与人 1 在自然状态集合上的信息结构不是共同知识。

在例 1 中，由于信念定义上的自我指涉（self-reference）特点，所有无限阶信念可以通过有限个世界状态完整表示。

二、博弈和均衡概念

通过信念空间我们可以对博弈模型所需的全部高阶信念进行刻画，在此基础上我们可以对博弈和均衡概念进行正式定义（Mertens and Zamir, 1985）。

定义 2 一个不完全信息博弈①是一个有序向量 $G=(I, \Psi, (A_i)_{i\in I}, \Pi)$，其中：

- I 是参与人集合；
- Ψ 是可能自然状态的集合；
- A_i 是参与人 $i\in I$ 的行动集合；

---

① 此定义考虑的外生不确定性仅为效用，而不考虑可选行为的不确定性。

• 每个自然状态 $\psi \in \Psi$ 是一个完全信息博弈，即 $\psi = (I, (A_i)_{i \in I}, (u_i(\psi))_{i \in I})$。记所有人在 ψ 时的可能策略组合①集合 $A = X_{i \in I} A_i$，那么对任意参与人 $i \in I$，效用函数 $u_i(s, \psi): S \times \Psi \to \mathbb{R}$。

• Π 为一个信念空间。

通过上述定义可以看出，不完全信息博弈中的信息问题全部在信念空间 Π 中反映。然而通过信念空间对博弈进行定义十分烦琐复杂，因此在实际研究中的常用做法是利用类型空间简化定义。根据上一节的讨论，我们实际上可以把信念空间近似理解为一个类型空间，只是此类型并不直接定义在外生信息（即自然状态集合）上，而是定义在世界状态集合上。利用类型空间对信念空间下的不完全信息模型进行简化使模型的定义更为简便，但是仍需注意，类型的本质仍是信念而非单纯效用函数意义上的类型。

为了定义均衡，我们需要首先定义参与人 i 的策略②为 $s_i: \Omega \to A_i$，其所有策略的集合为 S_i。类似地，记全部参与人的策略组合为 s，所有策略组合的集合为 S。当真实世界状态为 ω 时，参与人 i 在策略组合 s 下的期望收益函数为：

$$\gamma_i(s \mid \omega) = \int_{\Omega} u_i(s; \eta(\omega')) d\pi_i(\omega' \mid \omega)。$$

因此，可以定义不完全信息下的贝叶斯均衡如下：

定义 3　一个贝叶斯均衡是一个策略组合 $s^* = (s_i^*)_{i \in I}$，$\forall i \in I$，$\forall s' \in S_i$，$\forall \omega \in \Omega$ 满足：

$$\gamma_i(s^* \mid \omega) \geqslant \gamma_i(s', s_{-i}^* \mid \omega)。$$

对于 $\pi_i(\omega_1) = \pi_i(\omega_2)$，必然有 $\gamma_i(s^* \mid \omega_1) = \gamma_i(s^* \mid \omega_2)$，$\forall i \in I$。因此，我们记参与人 i 的类型为 $t_i := \pi_i(\omega)$，其类型集合为 T_i。稍微不严谨地将期望收益直接写作 $\gamma_i(s \mid t_i)$，进而定义 3 等价于如下定义：

定义 3－1　一个贝叶斯均衡是一个策略组合 $s^* = (s_i^*)_{i \in I}$，$\forall i \in I$，$\forall s' \in S_i$，$\forall t_i \in T_i$ 满足：

$$\gamma_i(s^* \mid t_i) \geqslant \gamma_i(s', s_{-i}^* \mid t_i)。$$

从定义 3－1 中可以立即看出，此时对均衡的定义与毫尔绍尼基于类型空间的定义形式相同，这即意味着两个模型的求解过程是相同的。

---

① 为了简单起见，本书仅考虑博弈 ψ 是完全信息静态博弈的情况。此简化假设不失一般性，因为对于完全信息动态博弈的讨论可以在此定义的基础上简单修改获得。

② 此处仅考虑纯策略。

对比信念空间模型和以奥曼模型为基础的类型空间模型（即毫尔绍尼博弈），信念空间模型的优势在于它解释了毫尔绍尼博弈中的类型是怎么被构造出来的，并且所反映的信息状况是什么，而类型空间模型的优势在于易于定义和求解。

三、信息和信息的价值

在给定世界状态和当前全部参与人的策略组合时，一个参与人的信息由其类型表示，而信息的价值体现在信息指示的其潜在收益与当前收益之差。如果一个参与人在获得信息之后可以通过改变博弈局势获得更高的（期望）收益，那么这部分收益即为信息的价值。例如，一个市场参与者获得了生产成本更低的技术信息，那么此信息的价值便是使用此技术带来的利润增加值。当此技术仅在其他参与人配合时（回忆第六章中中间厂商和现代厂商之间的关系），信息的价值体现在成功配合之后此参与人的利润增加值。简单来说，信息的价值取为参与人改变自己及其可以动员的其他参与人的策略后所能获得的收益增加值。

参与人 i 的信息在信念空间中由其类型 t_i 刻画。记参与人 i 可以动员的参与人集合①为 J，满足 $i \in J$，即参与人总是可以改变自己的策略。同时，记 $J^c = I/J$。由于在市场机制下，参与人 i 不能直接影响其他参与人的策略，因此动员 J 中参与人配合自己是有成本的，这一点我们将在后面讨论。

记在所有参与人当前的策略组合为 s，其中 s_J 和 s_{J^c} 分别表示动员集合 J 内参与人和其他参与人的策略组合，并且记所有可能 s_J 的集合为 S_J。②由此，我们可以定义信息的价值。

定义 4 令当前所有参与人的策略组合为 s，参与人 i 的动员集合为 J，真实世界状态为 ω，那么对他而言，信息 $t_i :=\pi_i(\omega)$ 的价值 $\mu_i : 2^I \times T_i \times S \rightarrow \mathbb{R}$，满足

$$\mu_i(J, t_i, s) = \max_{s_J' \in S_J} \gamma_i(s_J', s_{J^c} \mid t_i) - \gamma_i(s \mid t_i)。$$

根据定义 4 可以看出，$\mu(\cdot)$ 一定大于等于 0，因为参与人总是可以选择之前的策略使收益不变。参与人的类型 t_i 包含了两方面信息：参与人

① 即此集合内参与人的行为均有参与人 i 控制。

② 需要注意的是，此时 S_J 定义在参与人的信息集上。

对自然状态分布的判断和参与人对所有参与人高阶信念的判断。根据 γ_i 的定义，$\mu_i(J, \cdot, s)$ 仅与参与人对自然状态的分布判断有关，这就意味着，高阶不确定性不影响信息的价值——即使 t_i 和 t_i' 不同，只要它们体现了对自然状态相同的判断则 $\mu_i(J, t_i, s) = \mu_i(J, t_i', s)$。此外，对参与人 i 而言，信息的价值不但与信息的内容 t_i 有关，还与其动员能力 J 和当前策略组合 s 有关。同样的信息内容在不同的动员能力之下表现对不同的价值，并且在不同的当前状态下也具有不同的价值。

特别地，如果 $\mu_i(\{i\}, t_i, s) > 0$，我们称信息 t_i 具有独立价值；如果 $\mu_i(\{i\}, t_i, s) = 0$ 但是 $\exists J \subseteq I$ 使 $\mu_i(J, t_i, s) > 0$，我们称信息 t_i 具有协同价值。对于参与人 i 而言，他可以仅改变自己的策略选择即可以实现信息的独立价值，但是他必须以其他方式协调 J 中的参与人同时改变策略选择，才能实现信息的协同价值。

信息价值衡量的是在当前策略组合下，此参与人 i 在“最理想情况”下的收益增加值。所谓“最理想情况”意思是如果他可以保证其他参与人按照自己的意志行事时的情况，因此信息价值体现的是获得对其他参与人支配权后他可以获得的额外收益，也即是客观上可以实现但是在当前策略组合下无法实现的收益。在给定策略组合下，信息价值越低，说明当前策略组合无法实现的信息价值越少，因此信息利用效率越高。如果对于参与人 i 而言，$\forall t_i \in T_i$ 均有 $\mu_i(\{i\}, t_i, s) = 0$，则我们称在 s 下参与人 i 信息的独立价值被实现；如果 $\forall J \subseteq I$，$\forall t_i \in T_i$ 均有 $\mu_i(J, t_i, s) = 0$，则我们称在 s 下参与人 i 信息的全部协同价值被实现。

可以从分散决策和集中决策角度理解信息独立价值和协同价值的经济含义。在分散决策条件下，每个参与人所能控制的仅仅是自身策略，因此信息的独立价值衡量了此时参与人可以通过使用“更明智的策略”获得的收益改善。在集中决策条件下，实施集中决策的参与人可以控制多个其他参与人的策略，因此信息协同价值衡量了此参与人通过控制集中决策权可以获得的收益改善。因此，当信息的独立价值低于协同价值时，意味着在不考虑协调成本的条件下，集中决策可以实现更大的信息价值。

哈耶克曾指出，市场机制的一大优势是对信息价值的充分利用。例如，当一个生产者获得了任何影响其收益的信息，那么他便可以通过改变自己的产量来利用此信息。同时，他的产量变化会进一步影响价格，使此信息也间接地被其他市场参与者利用。下面的定理证明了，哈耶克的猜想仅对独立价值信息成立。

定理1 当且仅当 $\forall i \in I$，$\forall t_i \in T_i$，都满足 $\mu_i(\{i\}, t_i, s)=0$ 时，s 是贝叶斯均衡策略组合。

证明："→"方向。根据定义4，如果 $\forall i \in I$，$\forall t_i \in T_i$，都满足 $\mu_i(\{i\}, t_i, s)=0$，这意味着 $\forall i \in I$，$\forall s' \in S_i$，$\forall \omega \in \Omega$ 均有 $\gamma_i(s^* \mid t_i) \geqslant \gamma_i(s', s^*_{-i} \mid t_i)$。根据定义3-1，这就是贝叶斯均衡的定义。

"←"方向。反证法。若 s 是贝叶斯均衡策略组合但存在 $i \in I$，$\forall t_i \in T_i$ 使 $\mu_i(\{i\}, \omega, s)>0$，那么这意味着存在 $s' \in S_i$，使 $\gamma_i(s^* \mid \pi_i) < \gamma_i(s', s^*_{-i} \mid \pi_i)$，与贝叶斯纳什均衡的定义矛盾。

根据定理1，在均衡时实现了所有参与人信息的独立价值，但是仍可能存在未被充分利用的协同价值信息。这也意味着，市场机制的分散决策模式并非如哈耶克所猜测的那样有效，并且可以与集中决策模式相配合，从而更实现更大的信息价值。如果 $\mu_i(J, t_i, s)>0$ 且 $\gamma_i(s'_J, s_{J^c} \mid t_i) = \mu_i(J, t_i, s)+\gamma_i(s \mid t_i)$，为了利用协同价值信息，参与人 i 必须要动员 J 中所有参与人采取策略组合 s'_J。根据委托代理理论，这要求参与人 i 为 J 中除自己以外每个参与人设计一个满足激励相容和参与约束的契约，并付出激励成本 $C_i(J, s'_J)$。如果 $\mu_i(J, t_i, s)>C_i(J, s'_J)$，那么参与人 i 实际上可以有效利用协同价值信息。考虑如下例子。

例2 完全信息下的信息利用效率。

考虑博弈 G，其中 $I=\{1, 2\}$，$A_1=\{U, D\}$，$A_2=\{L, R\}$，$\Psi=\{\psi\}$，$\Omega=\{\omega\}$。在自然状态 ψ 下，两参与人的收益矩阵如表7-2所示。

表7-2　参与人收益矩阵（一）

	L	R
U	0，0	0，5
D	5，0	$\underline{1}$，$\underline{1}$

由于此时是完全信息，信念空间仅包括一个元素，参与人1和参与人2均只有一个类型，即 $t_1=t_2=[1\omega]$，如表7-3所示。

表7-3　信息空间：完全信息

Ω	η	π_1	π_2
ω	ψ	$[1\omega]$	$[1\omega]$

此博弈是一个典型的囚徒困境博弈，均衡 s＝（U，R）。可以验证，此时 $\mu_1(\{1\}, t_1, s) = \mu_1(\{1\}, t_2, s) = 0$，即所有参与人的独立价值信息均被有效利用。然而，$\mu_1(\{1, 2\}, t_1, s) = \gamma_1((D, L) \mid t_1) - \gamma_1(s \mid t_1) = 5$，即对于参与人 1 而言，其信息的协同价值为 5。如果参与人希望动员参与人 2 选 L 且效用是可以直接转移的（transferable），那么他可以提供给参与人 2 一个契约：如果参与人 2 选择 L 后，参与人 1 将付给他 1 单位效用。也就是说 $C_1(\{1, 2\}, (D, L)) = 1$，此时收益矩阵变如表 7－4 所示。

表 7－4　　参与人收益矩阵（二）

	L	R
U	−1，1	0，5
D	<u>4</u>，<u>1</u>	1，1

在此条件下，（D，L）为均衡，并且参与人 1 实现了 5－1－0＝4 的净收益，参与人 2 的收益不变，此均衡结果帕累托占优于原均衡结果，并且最大化了社会总收益。

例 3　不完全信息下的信息利用效率。

考虑博弈 G，其中 $I = \{1, 2, 3\}$，$A_1 = \{0, 1\}$，$A_2 = \{0, 1\}$，$\Psi = \{\psi_1, \psi_2\}$，$\Omega = \{\omega\}$。为了指代方便，我们如果参与人 i 选择 $s_i = 1$，我们称其选择“合作”，反之，称其选择“退出”。在任何自然状态下，如果参与人 $i \in I$ 选择推出，那么可以获得固定的保留收益 0。如果在自然状态 ψ_1 下，参与人 i 选择合作，那么他的收益函数取决于所有参与人中选择合作的参与人总数，即 $u_i(s, \psi_1) = 2^{\sum s_j} - 3$；类似地，在自然状态 ψ_2 下，参与人 i 的收益函数为 $u_i(s, \psi_2) = 2^{\sum s_j} - 9$。两个自然状态的相同之处在于，如果给定其他参与人都退出，参与人选择合作的收益小于 0；二者的区别在于，在 ψ_1 下，只需两位参与人选择合作，两人即可以同时获得正收益，在 ψ_2 下，任何程度的合作都无法使参与人获得正收益。参与人的信念空间如下，其中参与人 1 的类型集合 $T_1 = \{t_1^1, t_1^2\} := \{[1\omega_1], [1\omega_2]\}$，参与人 2 和参与人 3 的类型集合为 $T_1 = T_2 = \{[0.9\omega_1, 0.1\omega_2]\}$（见表 7－5）。

表 7－5　　　　信息空间：不完全信息

Ω	η	π_1	π_2	π_3
ω_1	ψ_1	$[1\omega_1]$	$[0.1\omega_1, 0.9\omega_2]$	$[0.1\omega_1, 0.9\omega_2]$
ω_2	ψ_2	$[1\omega_2]$	$[0.1\omega_1, 0.9\omega_2]$	$[0.1\omega_1, 0.9\omega_2]$

无论真实世界（自然）状态如何，参与人 1 总是可以准确地判断出来，但是参与人 2 和参与人 3 无法判断真实世界（自然）状态，并认为其概率分布为 $[0.9\omega_1, 0.1\omega_2]$。

可以验证，此博弈的均衡只有一个，即是任何世界状态下都没有人选择合作，记为策略 s。这是因为，如果真实世界状态为 ω_2，那么参与人 1 一定选择不合作，而参与人 2 和参与人 3 认为真实世界状态为 ω_2 的概率很高，因此其最优策略是不合作。由于参与人 2 和参与人 3 的最优策略都是不合作，参与人 1 在真实世界状态为 ω_1 时，虽然知道合作是有利可图的，但是也不会选择合作。

令 s′代表参与人 1 和参与人 2 总是选择合作，但是参与人 3 总是选择不合作的策略，s″代表所有参与人都选择合作的策略。此时，对于参与人 1 而言，其在真实世界状态为 ω_1 时的信息 t_1^1 具有未被利用的协同价值：

$$\mu_1(\{1, 2\}, t_1^1, s) = \gamma_1(s' \mid t_1^1) - \gamma_1(s \mid t_1^1) = 1$$

$$\mu_1(\{1, 2, 3\}, t_1^1, s) = \gamma_1(s'' \mid t_1^1) - \gamma_1(s \mid t_1^1) = 5。$$

如果参与人 1 提供给参与人 2 一份契约（记为方案 1），要求参与人 2 按照自己的指示行动，那么参与人 2 必然会接受，因为这相当于参与人 1 将自己的信息与参与人 2 共享。此时，"当世界状态为 ω_1 时，参与人 1 会指示参与人 2 选择合作；当世界状态为 ω_1 时，参与人 1 会指示参与人 2 选择不合作"是一个可执行的契约，因为此契约符合两个参与人的各自利益。类似地，参与人 1 也可以为参与人 2 和参与人 3 均提供一份契约（记为方案 2），同时指示以实现更大的信息协同价值。

参与人 1 选择方案 1 还是方案 2 取决于协调成本 $C_1(J, s_J)$。在实际中，效用往往无法不可转移，因此 $C_1(J, s_J)$ 的具体形式取决于很多外生于此博弈的因素，例如沟通成本等。如果方案 1 的协调成本足够低，满足 $1 - C_1(\{1, 2\}, s') > 5 - C_1(\{1, 2, 3\}, s'')$，那么参与人 1 会选择方案 1；反之，则选择方案 2。

例 2 和例 3 可以有非常有趣的经济学解释。可以将例 2 想象为公有地悲剧问题。如果只有一个人在公有地上放牧，那么他的收益为 5；如果两个人同时放牧，由于过度使用，每人的收益仅为 1。参与人 1 和参与人 2 对 U 和 L 对应不放牧，D 和 R 对应放牧。在此背景下，参与人 1 动员两个参与人改变策略的行为可以被理解为外部性内部化的过程。也可以从科斯定理的视角，认为支付参与人 1 通过对参与人 2 进行支付获得了公有地的产权。

可以将例 3 想象为上一章中讨论的现代和传统生产方式的问题，参与人 1 可以被认为是现代企业，参与人 2 和参与人 3 是中间产品企业。在自然状态 ψ_1 下，如果现代企业和中间产品企业合作生产，现代技术比传统技术效率更高，而在自然状态 ψ_2 下，现代技术是低效的，因为即使现代企业和中间产品企业合作生产，传统技术下的生产成本依然更低，使得他们都无法盈利。信念空间刻画的情形是，现代企业知道现代技术是否有效，但是中间产品企业并不知道。方案 1 即不平衡发展战略，而方案 2 为大推进战略。实际上，赫希曼对罗森斯坦－罗丹大推进战略的批评就在于同时协调过多参与人导致很大的成本，发展中国家无法承担，而非其战略本身没有价值。

第八章

结　论

第一节　主要结论

国企改革一直是中国改革的核心，对国企作用和效率的理解是总结改革经验和判断未来改革方向的基础。然而，学术界对此问题的认识却远未形成共识。国企究竟“拖累”了改革和增长，还是起到了重要但经常被忽视的作用？本书试图以国家经济能力概念为核心来回答这个问题。

对国企作用的全面讨论必然涉及国企、政府和经济增长三者之间的关系，而国家经济能力便是连接三者的重要纽带，也是理解三者关系的重要切入点。具体说来，国家经济能力是指国家和政府启动经济转型并维持经济效率的能力，主要分为社会成本承担能力和战略协调能力两个方面。社会成本承担能力指国家承担社会职能，以解决改革和发展过程中出现的社会问题的能力。战略协调能力指政府为实现国家经济战略目标将资源，特别是生产资源通过直接或间接的方式投入到特定领域，以克服市场协调失败的能力。从这个视角出发，本书研究发现，政府在中国经济改革和增长过程中起到了主导作用，而国企是政府主导经济改革、促进经济增长的重要载体。

首先，市场机制是经济增长的必要条件，但不是充分条件，市场机制能否建立和有效维持依赖于国家经济能力强弱。对中国经济改革过程略加回顾即可清楚地发现，私有经济的壮大和市场机制的建立并不是经济增长的全部原因，因为有效的竞争秩序并不是随着相关制度形式而自然出现的，而是在市场和政府相互配合之下对多方面增长制约因素成功解决的结果。从计划经济向社会主义市场经济转型的过程本质上是政府向市场放权的过程，如何有效地放权是改革成功以及实现经济增长需要解决的最核心的问题。中国的改革采取了一条渐进、试错型的放权路径，其成功的关键在于政府有能力激励地方进行政策试验并承担改革所带来的各种社会成本。这一点的实现需要强大的社会成本承担能力作为支持。此外，在经济发展和转型过程中，市场机制的不完善可能会导致协调失败的情况出现，这也要求政府发挥战略协调能力直接介入、引导生产和投资以克服协调失败，保证经济持续健康增长。

其次，国有企业是国家经济能力的重要载体，也是国家主导经济改革和促进增长的微观保障。区别于追求利润最大化的一般企业，国企受到政府的直接控制，而且其目标在于提升国家的社会成本承担能力和战略协调能力。国有企业的领导也是国家干部，具有准官员的身份，一般由上级主管部门进行任命和考核。同时，通过党委和管理层“双向进入”“交叉任职”的方式，国家意志在现代企业制度框架内和国企决策层面得以有效贯彻。由于国企职能与国家目标的紧密结合，国有企业自身的利润并不能准确地反映其经济作用，必须结合经济发展的实际制约因素和相应的国家战略有效性才能完整地理解国有企业的作用。

具体说来，第一，国有企业通过控制上游产品市场，增强了政府的社会成本承担能力。这体现在，处于上游垄断行业的国有企业一方面获得了较高的收益，保证了政府有能力承担改革试错过程中产生的社会成本；另一方面，也为国民经济提供了缓冲作用，保证改革试错不至于导致过大的经济风险，使改革可以平稳进行。第二，政府对国有企业的有效控制保证了经济战略顺利贯彻实施，提升了政府的战略协调能力。国有企业通过执行国家经济战略，可以超越自身盈利动机，帮助经济体克服低水平均衡，向高水平均衡收敛，实现增长。并且，在新技术投资具有不确定性时，如无政府干预会出现投资不足的问题。政府通过国有企业直接投资不但可以克服投资不足困境，还可以增加企业的期望收益。

因此，本书认为，国企与一般民营企业的经济职能存在根本性的区别。国企不仅是追求自身利润最大化的经济主体，更重要的是在改革和增长过程中承担了吸纳社会成本、贯彻经济战略的特殊职能。国企对这些任务的承担提升了政府的国家经济能力，保证了经济长期稳定的发展。

第二节 经济含义

根据本书的理论框架，我们还可以对两个相关的经济问题进行回答。

第一，如何理解中国改革期间的经济增长？本书给出的答案是，中国改革过程的本质是政府通过试错方式向市场放权的过程，此过程的目标是寻找政府和市场有效分工的方式，因此经济的增长是政府和市场分工效率提升的结果。我们不断强调，经济的发展和增长需要的是政府和市场之间的有效分工，而具体何种分工方式最有效往往因时、因地而异，因此制度层面的探索和试错必不可少。计划经济的错误在于认为政府可以解决一切问题，进而造成了经济发展的困难。但是也不应自此走向另一个极端，认为市场可以解决一切问题。在政府与市场相结合的各种方式中，国企是发挥政府职能的一种特殊手段。改革所带来的经济增长是政府通过不同手段和制度安排对当时经济制约因素有效克服的结果。

第二，如何理解国企的“低效”问题？许多研究指出国企的经营效率低于其他所有制企业，但是我们的研究指出经营低效并不是“消灭”国企的充足理由。当然，我们并不否认部分国企在经营管理层面具有很大的提升空间，但是我们更希望指出的是，国企的经济合理性并不主要反映在单个企业的市场竞争力高低，尤其是以各种盈利指标衡量的市场竞争力，而是反映在它们能否有效承担发展过程中的特殊职能。后者往往难以量化又无法形成直接的货币回报，但却是国企不可推卸的责任和其存在合理性的根基。所谓“不可推卸”的意思是，国企是否能承担这些特殊职能对于经济和社会的发展非常重要，同时私有企业和政府职能部门都无力或不适合承担。因此，相比在数字上争论国企“高效”还是“低效”，对国企承担了那些特殊责任以及承担的具体方式进行研究更具理论和现实意义。

第三节　本研究的不足与未来研究方向

中国经济改革是一个涉及政治、经济和社会的全方位改革，无论从哪个角度来研究都难以完整反映其全貌。本书也不例外，在许多问题的讨论中难免言之不全、论之不深。

首先，本书没有更细致地从微观层面剖析国企与政府之间的关系如何在经济活动中具体表现。例如，五年规划的项目和指标是如何层层分解到各个国企，国家的方针政策又是以何种形式向国企传达？这些实施层面的问题与如何更好地发挥国有企业的作用密切相关。本书没有对此进行更深入探讨的原因一方面在于作者的能力和精力有限，另一方面也在于相关的公开材料并不多。因此，对国企和政府联系在微观层面具体制度安排上的考察是未来研究的重要方向。

其次，正如我们之前强调的，政府和市场的分工是因时、因地而异的，是一个动态变化的过程，但是本书没有进一步探讨此动态过程背后的根本动力及其对政府、国企和市场三者之间的关系的影响。具体说来，什么决定了政府的职能？政府职能随着市场制度的不断完善会发生什么变化？国企承担特殊职能的成本由什么决定？在市场制度不断完善的过程中需要国企承担的职能会更多还是更少？等等。对这些问题的回答需要一个更加细致且视野广阔的理论框架，因此也不是经济学者可以单独完成的，更需要与政治学、社会学等各个学科之间进行深入合作。可以想象，这项工作在很长一段时间都将会是中国问题研究的核心。

最后，本书主要以理论和模型为主，在经验分析方面仍需加强。在未来的研究中，需要更加准确的指标和更多的数据对国企的职能承担情况进行量化。这方面的经验研究充实不但可以直接对众多竞争性理论进行检验，更是理解中国经济运行情况的重要钥匙。

对于实证研究的缺失除了作者能力和精力有限这个原因以外，还有一个重要的原因在于，在进行量化的实证研究之前，我们希望首先解决的问题是提出逻辑自洽的理论和相关机制的假说以解释国企在中国发展过程中的作用。理论的构建是进行所有经验分析的前提。对于国企作用和效率问题的实证研究实际上并不缺乏但是不同研究的结论常常相互冲突，究其原因便是学者们关于选择何种变量来度量国企的经济效果存在分歧。一部分人选用了微观财务数据，另一部分人选用了整体宏观数据。数据选择的不同体现了两派人对国企的作用、中国经济发展逻辑的判断存在本质的不同，进而直接导致他们得到了完全相反的结论。正如马歇尔所说："这些争议的经验告诉我们，除非经过理智的考究与阐释，我们不可能从事实中学得些什么。这也教训了我们，是我们知道最鲁莽而又虚伪的，是那些公开声言让事实自做解释的理论家；或者无意识地，自己在幕后操纵实施的选择与组合，然后提出如下的推论：在这之后，所以这就是原因。"① 本书的工作可以被理解为回答"应该选择何种数据来考察国企在改革过程中的经济作用"的问题，并希望通过抽象分析将学界的关注重心引向国企在整个经济系统中的作用，而非单纯作为一个孤立的经营组织的作用。从这

① 转引自张五常：《经济解释卷一：科学说需求》，中信出版社 2010 年版。

个意义上讲，实证研究固然重要，但应是下一阶段的研究问题——本书若是能够完成理论上的辨析，则已经达到作者的写作目的。换句话说，本书实证研究比例较小的结果也从一定意义上说明，其是作者在有限的时间和精力约束下，为了最大程度对国企问题讨论有所贡献而主动权衡取舍的结果。

本书与其说是对国企问题的完整回答，不如说是对国企研究的起点。理论永远无法完整地捕捉现实的复杂性，但是本书仍希望能为未来的研究提供一个具有借鉴意义的理论框架，为理解政府、国企和市场之间的关系作出微小的贡献。

参考文献

[1] 巴里·诺顿著，杨帆译：《经济发展计划体系在中国的回归：论韩博天、麦尔敦和胡鞍钢的研究》，载《开放时代》2013年第6期。

[2] 巴里·诺顿著，安佳译：《中国经济：转型与增长》，上海人民出版社2010年版。

[3] 白重恩、路江涌、陶志刚：《国有企业改制效果的实证研究》，载《经济研究》2006年第8期。

[4] 曹正汉：《统治风险与地方分权 关于中国国家治理的三种理论及其比较》，载《社会》2014年第6期。

[5] 曹正汉：《中国上下分治的治理体制及其稳定机制》，载《社会学研究》2011年第1期。

[6] 国家统计局工交司课题组：《我国工业所有制结构现状及调整建议》，载《国有资产管理》2007年第5期。

[7] 国务院国资委党委：《在全面深化国有企业改革中加强党的建设工作》，载《求是》2016年第6期。

[8] 哈耶克著：《通往奴役之路》，中国社会科学出版社1944年版。

[9] 韩博天、奥利佛·麦尔敦：《规划：中国政策过程的核心机制》，载《开放时代》2013年第6期。

[10] 韩博天、石磊：《中国经济腾飞中的分级制政策试验》，载《开放时代》2008年第5期。

[11] 韩博天：《通过试验制定政策：中国独具特色的经验》，载《当代中国史研究》2010年第3期。

[12] 何诚颖：《国有经济战略性改组与国有资本运营》，中国财政经济出版社2002年版。

[13] 胡鞍钢、鄢一龙、吕捷：《中国发展奇迹的重要手段——以五年计划转型为例（从“六五”到“十一五”）》，载《清华大学学报（哲学社会科学版）》2011年第1期。

[14] 胡鞍钢：《中国独特的五年计划转型》，载《开放时代》2013年第6期。

[15] 胡明：《中国银行业监管与国家的理性选择》，载《金融研究》2010年第2期。

[16] 黄宝玖：《国家能力：涵义、特征与结构分析》，载《政治学研究》2004年第4期。

[17] 黄清吉：《国家能力基本理论研究》，载《政治学研究》2007年第4期。

[18] 黄群慧、李晓华、贺俊：《“十三五”时期中国工业转型升级研究》，载李培林、蔡昉主编：《2020走向全面小康社会——“十三五”规划研究报告》，社会科学文献出版社2015年版。

[19] 黄群慧、彭华岗、钟宏武、张蒽：《中国100强企业社会责任发展状况评价》，载《中国工业经济》2009年第10期。

[20] 黄速建：《国有企业改革和发展：制度安排和现实选择》，经济管理出版社2014年版。

[21] 黄险峰、李平：《国有企业部门规模与经济增长：基于中国各地区的经验研究》，载《产业经济评论》2008年第2期。

[22] 黄险峰、李平：《国有企业效率、产出效益与经济增长：一个分析框架和基于中国各省区的经验研究》，载《产业经济评论》2009年第3期。

[23] 纪宝成：《国有经济制度创新的几个理论与实践问题研究》，载《中国人民大学学报》2004年第5期。

[24] 金碚：《国有企业的历史地位和改革方向》，载《中国工业经济》2001年第2期。

[25] 金碚：《国有企业根本改革论》，北京出版社2002年版。

[26] 金碚：《何去何从：当代中国的国有企业问题》，今日中国出版社1997年版。

[27] 金碚：《论国有企业改革再定位》，载《中国工业经济》2010年第4期。

[28] 金碚：《论国有企业是特殊企业》，载《中国工业经济》1999年第3期。

[29] 金碚：《三论国有企业是特殊企业》，载《中国工业经济》1999年第7期。

[30] 金碚：《再论国有企业是特殊企业》，载《中国工业经济》1999年第3期。

[31] 靳涛、陈嘉佳：《转移支付、国企软约束与效率损失——基于比较视角的研究》，载《财经问题研究》2014年第4期。

[32] 科尔奈著，张安译：《社会主义体制——共产主义政治经济学》，中国编译出版社2007年版。

[33] 雷海民、梁巧转、李家军：《公司政治治理影响企业的运营效率吗——基于中国上市公司的非参数检验》，载《中国工业经济》2012年第9期。

[34] 李剑：《转变中的"强"国家——国家能力的理论逻辑及其演进》，载《国外理论动态》2014年第6期。

[35] 李军林、万燕鸣、张英杰：《双重激励下的组织行为——一个关于国有企业（SOEs）的理论》，载《经济学动态》2011年第1期。

[36] 李寿喜：《产权、代理成本和代理效率》，载《经济研究》2007年第1期。

[37] 李悦：《中国工业部门结构》，中国人民大学出版社1988年版。

[38] 林毅夫、蔡昉、李周：《充分信息与国有企业改革》，上海人民出版社、上海三联书店1997年版。

[39] 林毅夫、蔡昉、李周：《中国的奇迹：发展战略与经济改革》，上海人民出版社1994年版。

[40] 林毅夫：《转型国家需要有效市场和有为政府》，载《中国经济周刊》2014年第6期。

[41] 刘瑞明：《国有企业如何拖累了经济增长——理论与中国的经验证据》，复旦大学博士论文，2011年。

[42] 刘瑞明、石磊：《国有企业的双重效率损失与经济增长》，载《经济研究》2010年第1期。

[43] 刘瑞明：《中国国有企业效率：一个文献综述》，载《世界经济》2013年第11期。

[44] 刘元春：《国有企业宏观效率论——理论及其验证》，载《中国社会科学》2001年第5期。

[45] 罗德里克：《相同的经济学，不同的政策处方》，中信出版社2009年版。

[46] 马连福、王元芳、沈小秀：《国有企业党组织治理、冗余雇员

与高管薪酬契约》，载《管理世界》2013 年第 5 期。

[47] 平新乔、范瑛、郝朝艳：《中国国有企业代理成本的实证分析》，载《经济研究》2003 年第 11 期。

[48] 邵宁主编：《国有企业改革实录》，经济科学出版社 2014 年版。

[49] 沈坤荣、科克·菲利普斯：《中国的国有部门规模与地区经济增长》，载《南大商学评论（经济学版）》2007 年第 14 期。

[50] 盛斌：《中国经济改革的政治经济学分析》，载《开放时代》2001 年第 12 期。

[51] 斯科特著，郑广怀、张敏、何江穗译：《弱者的武器》，译林出版社 2007 年版。

[52] 陶然、苏福兵、陆曦、朱昱铭：《经济增长能够带来晋升吗？——对晋升锦标竞赛理论的逻辑挑战与省级实证重估》，载《世界经济》2010 年第 12 期。

[53] 天则经济研究所课题组：《国有企业的性质、表现与改革》，2011 年。

[54] 瓦尔拉斯著，蔡受百译：《纯粹经济学要义》，商务印书馆 1997 年版。

[55] 王绍光：《国家治理与基础性国家能力》，载《华中科技大学学报（社会科学版）》2014 年第 3 期。

[56] 王绍光、胡鞍钢：《中国国家能力报告》，辽宁人民出版社 1993 年版。

[57] 王永钦、丁菊红：《公共部门内部的激励机制：一个文献述评——兼论中国分权式改革的动力机制和代价》，载《世界经济文汇》2007 年第 1 期。

[58] 王永钦、张晏、章元、陈钊、陆铭：《中国的大国发展道路——论分权式改革的得失》，载《经济研究》2007 年第 1 期。

[59] 王元芳：《中国国有企业党组织参与公司治理有效性研究——基于政治干预行为的视角》，南开大学博士论文，2013 年。

[60] 王仲伟、胡伟：《中国梦：大国崛起呼唤国家能力》，载《管理世界》2014 年第 1 期。

[61] 卫兴华：《论坚持和完善中国特色社会主义经济制度》，载刘国光主编：《共同理想的基石——国有企业若干重大问题评论》，经济科学出版社 2011 年版。

[62] 吴敬琏、科尔奈、许成钢：《中国市场经济之路通向何方——两位计划经济“逆子”吴敬琏、科尔奈的隔空对话》，载《财经界》2014年第1期。

[63] 吴延兵：《中国哪种所有制类型企业最具创新性?》，载《世界经济》2012年第6期。

[64] 鄢一龙：《目标治理：看得见的五年规划之手》，中国人民大学出版社2013年版。

[65] 杨其静、聂辉华：《保护市场的联邦主义及其批判》，载《经济研究》，2008年第3期。

[66] 杨其静、郑楠：《地方领导晋升竞争是标尺赛、锦标赛还是资格赛》，载《世界经济》2013年第12期。

[67] 杨瑞龙、王元、聂辉华：《“准官员”的晋升机制：来自中国央企的证据》，载《管理世界》2013年第3期。

[68] 姚洋：《泛利性国家》，载《制度经济学研究》2005年第2期。

[69] 姚洋、郑东雅：《外部性与重工业优先发展》，载《南开经济研究》2007年第2期。

[70] 姚洋：《作为制度创新过程的经济改革》，格致出版社、上海人民出版社2008年版。

[71] 张长东：《国家治理能力现代化研究——基于国家能力理论视角》，载《法学评论》2014年第3期。

[72] 张晨、张宇：《国有企业是低效率的吗?》，载《经济学家》2011年第2期。

[73] 张春晓：《国有企业的社会责任与公益性思考》，载《国有资产管理》2012年第4期。

[74] 张维迎：《从现代企业理论看国有企业改革》，载《改革》1995年第1期。

[75] 郑有贵：《中华人民共和国经济史（1949~2012)》，当代中国出版社2016年版。

[76] 中共上海组织部：《“双向进入交叉任职”是一种有效的机制》，载《党建研究》1999年第9期。

[77] 中共中央文献研究室：《刘少奇论新中国经济建设》，中央文献出版社1993年版。

[78] 中国企业联合会：《重要工业领域自主创新能力研究》，载《研

究报告》2014 年第 1 期。

[79] 钟海燕、冉茂盛、文守逊：《政府干预、内部人控制与公司投资》，载《管理世界》2010 年第 7 期。

[80] 周黎安、王娟：《行政发包制与雇佣制：以清代海关治理为例》，载周雪光、刘世定、折晓叶主编：《国家建设与政府行为》，中国社会科学出版社 2012 年版。

[81] 周黎安：《行政发包的组织边界兼论“官吏分途”与“层级分流”现象》，载《社会》2016 年第 1 期。

[82] 周黎安：《行政发包制》，载《社会》2014 年第 6 期。

[83] 周黎安：《中国地方官员的晋升锦标赛模式研究》，载《经济研究》2007 年第 7 期。

[84] 周黎安：《转型中的地方政府：官员激励与治理》，格致出版社 2008 年版。

[85] 周雪光：《行政发包制与帝国逻辑，周黎安〈行政发包制〉读后感》，载《社会》2014 年第 6 期。

[86] 朱佳木：《由新民主主义向社会主义的提前过渡与优先发展重工业的战略抉择》，载《当代中国史研究》2004 年第 5 期。

[87] 宗寒：《评“国有企业低效论”》，载刘国光主编：《共同理想的基石——国有企业若干重大问题评论》，经济科学出版社 2011 年版。

[88] Abreu, D., Brunnermeier, M. K. (2003). Bubbles and crashes. *Econometrica*, 71 (1), 173 - 204.

[89] Acemoglu, D., Aghion, P., Zilibotti, F. (2006). Distance to frontier, selection, and economic growth. *Journal of the European Economic association*, 4 (1), 37 - 74.

[90] Arrow, K., Block, H., Hurwicz, L. (1959). On the Stability of the Competitive Equilibrium, Ⅱ. *Econometrica*, 27 (1), 82 - 109.

[91] Arrow, K., Hurwicz, L. (1958). On the Stability of the Competitive Equilibrium, I. *Econometrica*, 26 (4), 522 - 552.

[92] Arrow, K. J. (1951). An extension of the basic theorems of classical welfare economics. in “Second Berkeley Symposium on Mathematical Statistics and Probability”, 507 - 532.

[93] Arrow, K. J., Debreu, G. (1954). Existence of an equilibrium for a competitive economy. *Econometrica*, 22 (3), 265 - 290.

[94] Arrow, K. J., Hahn, F. (1971). General competitive analysis. General competitive analysis. North – Holland.

[95] Ataçay, M. N. (2014). The Transformation of the Chinese State and Its Role in the Economy During the Reform Period: The Sustaining State Ownership (Doctoral Dissertation, Middle East Technical University).

[96] Aumann, R., Brandenburger, A. (1995). Epistemic Conditions for Nash Equilibrium. *Econometrica: Journal of the Econometric Society*, 1161 – 1180.

[97] Aumann, R. 1987. Correlated equilibrium as an expression of Bayesian rationality. *Econometrica*, 55, 1 – 18.

[98] Bajari, P., Tadelis, S. (2001). Incentives versus transaction costs: A theory of procurement contracts. *Rand journal of Economics*, 387 – 407.

[99] Banerjee, A. V. (1992). A simple model of herd behavior. *The Quarterly Journal of Economics*, 797 – 817.

[100] Bardhan, P. (2016). State and development: The need for a reappraisal of the current literature. *Journal of Economic Literature*, 54 (3), 862 – 892.

[101] Barro, R. J. (1991). Economic growth in a cross section of countries. *The Quarterly Journal of Economics*, 106 (2), 407 – 443.

[102] Bikhchandani, S., Hirshleifer, D., Welch, I. (1992). A theory of fads, fashion, custom, and cultural change as informational cascades. *Journal of political Economy*, 992 – 1026.

[103] Brandenburger, A. (2010). Origins of epistemic game theory. *Epistemic Logic: 5 Questions*, 59 – 69.

[104] Coase, R. H. (1937). The nature of the firm. *Economica*, 4 (16), 386 – 405.

[105] Debreu, G. (1951). The coefficient of resource utilization. *Econometrica*, 19 (3), 273 – 292.

[106] Dewatripont, M., Roland, G. (1995). The design of reform packages under uncertainty. *The American Economic Review*, 1207 – 1223.

[107] Dixit, A. (2012). Bureaucracy, its reform and development. *Review of Market Integration*, 4 (4), 135 – 157.

[108] Dixit, A. (2009). Governance institutions and economic activity. *The American Economic Review*, 99 (1), 3 - 24.

[109] Dixit, A. (2015). Governance reforms and growth: Some ideas from economic theory. *Frontiers of Economics in China*, 10 (4), 567.

[110] Dixit, A. (2002). Incentives and organizations in the public sector: An interpretative review. *Journal of human resources*, 696 - 727.

[111] Dixit, A. K., Stiglitz, J. E. (1977). Monopolistic competition and optimum product diversity. *The American Economic Review*, 67 (3), 297 - 308.

[112] Evans, P. B. (1995). Embedded Autonomy - States and Industrial Transformation. Princeton University Press.

[113] Evans, P. B. (1997). State-society synergy: government and social capital in development. University of California at Berkeley, 27 (3), 292.

[114] Fernandez, R., Rodrik, D. (1991). Resistance to reform: Status quo bias in the presence of individual-specific uncertainty. *The American economic review*, 1146 - 1155.

[115] Gibbons, R. (2004). Four formal (izable) theories of the firm. *Journal of Economic Behavior & Organization*, 58 (2), 200 - 245.

[116] Grant, S., Kline, J. J., Quiggin, J. (2014). A matter of interpretation: Ambiguous contracts and liquidated damages. *Games and Economic Behavior*, 85, 180 - 187.

[117] Grant, S., Kline, J. J., Quiggin, J. (2012). Differential awareness, ambiguity, and incomplete contracts: A model of contractual disputes. *Journal of Economic Behavior & Organization*, 82 (2), 494 - 504.

[118] Harsanyi, J. C. (1968a). Games with incomplete information played by "Bayesian" players part Ⅱ. Bayesian equilibrium points. *Management Science*, 14 (5), 320 - 334.

[119] Harsanyi, J. C. (1968b). Games with incomplete information played by "Bayesian" players, Part Ⅲ. The basic probability distribution of the game. *Management Science*, 14 (7), 486 - 502.

[120] Harsanyi, J. C. (1967). Games with Incomplete Information Played by "Bayesian" Players, Ⅰ - Ⅲ Part I. The Basic Model. *Management Science*, 14 (3), 159 - 182.

[121] Hart, O., Shleifer, A., Vishny, R. W. (1997). The proper

scope of government: Theory and an application to prisons. *The Quarterly Journal of Economics*, 112 (4), 1127 - 1161.

[122] Hart, S. , & Mas - Colell, A. (2003). Uncoupled Dynamics Do Not Lead to Nash Equilibrium. *The American Economic Review*, 93 (5), 1830 - 1836.

[123] Hayek, F. A. (1937). Economics and knowledge. *Economica*, 4 (13), 33 - 54.

[124] Hayek, F. A. (1945). The use of knowledge in society. *The American economic review*, 35 (4), 519 - 530.

[125] Helpman, E. , Krugman, P. R. (1985). Market structure and foreign trade: Increasing returns, imperfect competition, and the international economy. MIT press.

[126] Hirschman, A. O. (1984). A dissenter's confession: "The strategy of economic development" revisited. *Pioneers in Development*, 1, 85 - 111.

[127] Hirschman, A. O. (1958). The Strategy of Economic Development. New Haven: Yale University Press.

[128] Hoff, K. (2000, April). Beyond Rosenstein - Rodan: The modern theory of underdevelopment traps. In Annual Bank Conference on Development Economics, World Bank, Washington DC.

[129] Huang Xianfeng, Li Ping, and Richard Lotspeich, Economic growth and multi-tasking by state-owned enterprises: An analytic framework and empirical study based on Chinese provincial data. *Economic Systems*, 34. 2 (2010): 160 - 177.

[130] Ingrao, B. , Israel, G. (2015). The invisible hand: economic equilibrium in the history of science. Online version.

[131] Johnson, N. D. , Koyama, M. (2016). States and economic growth: Capacity and constraints. *Explorations in Economic History*.

[132] Laffont, J. J. , Qian, Y. (1999). The dynamics of reform and development in China: A political economy perspective. *European Economic Review*, 43 (4), 1105 - 1114.

[133] Laffont, J. J. , Tirole, J. (2001). *Competition in telecommunications*. MIT press.

[134] Landa, J. T. (2016). *Economic success of Chinese merchants in Southeast Asia: Identity, ethnic cooperation and conflict*. Springer.

[135] Lange, O. (1936). On the economic theory of socialism: Part one. *The Review of Economic Studies*, 4 (1), 53 – 71.

[136] Lange, O. (1937). On the economic theory of socialism: Part two. *The Review of Economic Studies*, 4 (2), 123 – 142.

[137] Lazear, E. P., Rosen, S. (1981). Rank – Order Tournaments as Optimum Labor Contracts. *The Journal of Political Economy*, 89 (5), 841 – 864.

[138] Ledyard, J. O. (2008). Market Failure. The New Palgrave Dictionary of Economics, Second Edition, Edited by Steven N. Durlauf and Lawrence E. Blume. Palgrave Macmillan UK.

[139] Lerner, A. P., The Economics of Control, Macmillan, New York, 1944.

[140] Li, H., Zhou, L. A. (2005). Political turnover and economic performance: The incentive role of personnel control in china. *Journal of Public Economics*, 89 (9 – 10), 1743 – 1762.

[141] Li, X., Liu, X., Wang, Y. (2015). A model of China's state capitalism, *Working Paper.*

[142] Makowski, L., Ostroy, J. M. (1993). "General equilibrium and market socialism: Clarifying the logic of competitive markets," in K. Bardhan and J. E. Roemer, eds., *Market Socialism*, Oxford U Press, pp. 69 – 88.

[143] Mann, M. (1986). The Sources of Social Power. The sources of social power. Cambridge University Press.

[144] Maschler, M., Eilon Solan, and Shmuel Zamir. (2013). Game theory, Cambridge University Press.

[145] Maskin, E., Qian, Y., Xu, C. (2000). Incentives, information, and organizational form. *Review of Economic Studies*, 67 (2), 359 – 78.

[146] Mertens, J. F., Zamir, S. (1985). Formulation of Bayesian analysis for games with incomplete information. *International Journal of Game Theory*, 14 (1), 1 – 29.

[147] Migdal, J. S. (1988). Strong societies and weak states: State-society relations and state capabilities in the third world. Princeton University Press.

[148] Morris, S., Shin, H. S. (1998). Unique equilibrium in a model of self-fulfilling currency attacks. *American Economic Review*, 587 – 597.

[149] Mukand, S., Rodrik, D. (2002). In search of the holy grail:

Policy convergence, experimentation, and economic performance (No. w9134). National Bureau of Economic Research.

[150] Murphy, K. M., Shleifer, A., Vishny, R. W. (1989). Industrialization and the Big Push. *Journal of Political Economy*, 97 (5), 1003 - 1026.

[151] Myerson, R. B. (2008). Perspectives on mechanism design in economic theory. *The American Economic Review*, 98 (3), 586 - 603.

[152] North, D. C. (1994). Economic performance through time. *The American economic review*, 84 (3), 359 - 368.

[153] North, D. C. (1999). Understanding the process of economic change (Vol. 106). Inst of Economic Affairs.

[154] North, D. C., Wallis, J. J., Weingast, B. R. (2009). *Violence and Social Orders: A Conceptual Framework for Interpreting Recorded Human History*. Cambridge University Press.

[155] Opper, S., Brehm, S. (2007). Networks versus performance: Political leadership promotion in China. Department of Economics.

[156] Porter, M. (1992) The competitive advantage of nations. *The Free Press*, New York.

[157] Qian, Y. (2001). Government control in corporate governance as a transitional institution: Lessons from China. *Rethinking the East Asian Miracle. World Bank, Washington, DC*, 295 - 322.

[158] Qian, Y. (2002). How Reform Worked in China. William Davidson Working Paper Number 473.

[159] Qian, Y., Roland, G., Xu, C. (2006). Coordination and experimentation in M - form and U - form organizations. *Journal of Political Economy*, 114 (2), 366 - 402.

[160] Qian, Y., Roland, G., Xu, C. (1999). Why is China different from Eastern Europe? Perspectives from organization theory. *European Economic Review*, 43 (4), 1085 - 1094.

[161] Qian, Y. (2000). The process of China's market transition (1978 - 1998): The evolutionary, historical, and comparative perspectives. *Journal of Institutional and Theoretical Economics* (JITE)/Zeitschrift für die gesamte Staatswissenschaft, 151 - 171.

[162] Qian, Y., Weingast, B. R. (1996). China's transition to mar-

kets: market-preserving federalism, Chinese style. *The Journal of Policy Reform*, 1 (2), 149 – 185.

[163] Qian, Y., Xu, C. (1993). Why China's economic reforms differ: The m-form hierarchy and entry/expansion of the non-state sector. *Economics of Transition*, 1 (2), 135 – 170.

[164] Rodriguez – Clare, A. (1996). The division of labor and economic development. *Journal of Development Economics*, 49 (1), 3 – 32.

[165] Rodrik, D. (1996). Coordination failures and government policy: A model with applications to East Asia and Eastern Europe. *Journal of international economics*, 40 (1), 1 – 22.

[166] Roll, R., Tallbott, J., 2001. Why Many Developing Countries Just Aren' t, unpublished paper, November 13.

[167] Rosenstein – Rodan, P. N. (1961). Notes on the theory of the "big push". In Economic Development for Latin America (pp. 57 – 81). Palgrave Macmillan UK.

[168] Rosenstein – Rodan, P. N. (1943). Problems of industrialisation of eastern and south-eastern Europe. *The economic journal*, 53 (210/211), 202 – 211.

[169] Rubinstein, A. (1989). The Electronic Mail Game: Strategic Behavior Under "Almost Common Knowledge". *The American Economic Review*, 385 – 391.

[170] Rubinstein, A., Wolinsky, A. (1994). Rationalizable conjectural equilibrium: Between Nash and rationalizability. *Games and Economic Behavior*, 6 (2), 299 – 311.

[171] Saari, D. G., Simon, C. P. (1976). Effective price mechanisms. *Econometrica*, 46 (46), 1097 – 1125.

[172] Scarf, H. (1960). Some Examples of Global Instability of the Competitive Equilibrium. *International Economic Review*, 1 (3), 157 – 172.

[173] Scharfstein, D. (1988). The disciplinary role of takeovers. *The Review of Economic Studies*, 55 (2), 185 – 199.

[174] Scitovsky, T. (1954). Two concepts of external economies. *Journal of Political Economy*, 62 (2), 142 – 143.

[175] Sheng, Y. (2009). Career incentives and political control under authoritarianism: explaining the political fortunes of subnational leaders in Chi-

na, 1978 – 2005.

[176] Skocpol, T. (1985). "Bringing the state back in: bringing the state back in: strategies of analysis in current research", in Evans, Peter B, Rueschemeyer, Dietrich, Skocpol, Theda, Bringing the State back, Cambridge; New York: Cambridge University Press.

[177] Smale, S. (1976). A convergent process of price adjustment and global newton methods. *Journal of Mathematical Economics*, 3 (2), 107 – 120.

[178] Smith, L., Sørensen, P. (2000). Pathological outcomes of observational learning. *Econometrica*, 68 (2), 371 – 398.

[179] Sonnenschein, H. (1972). Market Excess Demand Functions. *Econometrica*, 40 (3), 549 – 563.

[180] Spence, M. (1976). Product selection, fixed costs, and monopolistic competition. *The Review of Economic Studies*, 43 (2), 217 – 235.

[181] Tadelis, S. (2002). Complexity, flexibility, and the make-or-buy decision. *American Economic Review*, 92 (2), 433 – 437.

[182] Vickers, J. and Yarrow, G. (1988). Privatization: An Economic Analysis. The MIT Press.

[183] Weingast, B. R. (1995). The economic role of political institutions: Market-preserving federalism and economic development. *Journal of Law, Economics, Organization*, 1 – 31.

[184] Wei, S. J. (1997). Gradualism versus big bang: Speed and sustainability of reforms. *Canadian Journal of Economics*, 1234 – 1247.

[185] Weiss, L. (1998). The myth of the powerless state. Cornell University Press.

[186] Williamson, O. E. (2005). The economics of governance. *The American Economic Review*, 95 (2), 1 – 18.

[187] Xu, C. (2011). The fundamental institutions of China's reforms and development. *Journal of Economic Literature*, 49 (4), 1076 – 1151.

[188] Zamir, S. (2009), "Bayesian Games: Games with Incomplete Information", *Encyclopedia of Complexity and Systems Science*, 426 – 441, Springer New York.